Frank Sachau • Thomas Krämer • Stephan Fennel

Süddeutschland

Die schönsten Motorrad-Touren

MTM
MOTOURMEDIA

Süddeutschland

Die schönsten Motorrad-Touren

Herausgeber Stephan Fennel

Wenn es um die Beziehungen zwischen dem Süden Deutschlands und dem Rest der Republik geht, kommt häufig der viel zitierte Weißwurstäquator ins Spiel. Dabei greift dieser mit einem typisch bayerischen Gericht verknüpfte Begriff viel zu kurz. Süddeutschland ist nicht Bayern, nicht nur jedenfalls.

Gleich vier der in diesem Band unserer Deutschland-Reihe beschriebenen Touren locken schon kurz hinter der Mainlinie als natürlicher „Grenze“ zum Einstieg in ein echtes Motorrad-Tourenparadies. Das malerische Mainfranken etwa, oder der Steigerwald. Natürlich die Oberpfalz und zum Abschluss das Fichtelgebirge. Diese Regionen liegen zwar allesamt im Freistaat. Doch das für uns „Preißn“ nur schwer durchschaubare und offenbar unendlich komplizierte regionale Beziehungsgeflecht innerhalb Bayerns bietet da ein geradezu unglaubliches Füllhorn an Interpretationen, wem sich die Bewohner denn eigentlich zugehörig fühlen. Da wird manch ein Besucher sicher mal ins Fettnäpfchen treten. Sei's drum, wenn man mit dem Motorrad auf Tour ist, enden solche Konflikte meist halb so wild. Es gibt kaum etwas, was sich in einem so gastfreundlichen Gebiet nicht über einem Bier (oder zwei) beilegen ließe.

Ein tolles Motorradrevier

Der Schwarzwald ist ein derart formidables Motorradrevier, dass Besuchern herzlich egal sein kann, ob nun abends Spätzle oder Maultaschen serviert werden, ob Rothaus-Bier zum Ausschank kommt oder Badenser Weinherrlichkeit durch die durstigen Tourerkehlen fließt. Lecker ist mal gleich vieles, was hier serviert wird, wenn auch merkwürdig so manches. Doch als Motorradfahrer ist man ja unterwegs immer auch auf Entdeckungsreise, also entdeckt mal schön die Vielfalt des Südens zwischen dem badischen Rhein- und dem oberbayrischen Inntal.

Mittendrin ließe sich rund um den Donauverlauf etwa entdecken, was man so gar nicht in Süddeutschland verorten mag. Hier hat sich ein erfolgreiches Gin-Handwerk etabliert, das abends zur Verkostung lädt.

Im Allgäu ist auch nicht alles gleich Käse, obwohl der von dort stammende wirklich großartig schmeckt. Es gäbe sogar eine Themenstraße, an der man sich orientieren könnte. Die ist, wie so mancher Allgäuer Saumpfad, wie für Motorradfahrer geschaffen. Ein Tourgenuss und zugleich eine Genusstour.

Das Allgäu bringt tourende Biker aber auch schon ganz nah an eines der Traumziele: die Alpen. Nun hat Deutschland in seinem Süden nicht unbedingt viel von diesem majestätischen Gebirge abbekommen. Doch was sich da entlang der Deutschen Alpenstraße auftut, ist vielerorts schon ziemlich großes Tourenkino.

Die bekannteste Ferienstraße

Egal, in welche Richtung – ob von West nach Ost oder umgekehrt – man die wohl bekannteste Ferienstraße des Landes befährt, sie hat auf so ziemlich jedem ihrer gut 450 Kilometer zwischen Lindau am Bodensee und Schönau am Königssee so viel Kurven, Kultur und Kulinarik zu bieten, dass es viel zu schade wäre, sie nur schnellstmöglich abzufahren. Von den möglichen Abstechern auf weitere feine Strecken in ihrem Verlauf ganz zu schweigen.

Wenn es euch angesichts der zehn Tourenvorschläge dieses Bands also in den Süden zieht: Grüß Gott! Ihr werdet es nicht bereuen. Und dabei ist das, was wir hier für euch zusammengetragen haben, erst der Anfang. ◄

GRATIS GPS-DOWNLOAD
www.alpentourer.de/gps/tourentipps-reisefuehrer/

Süddeutschland – Die schönsten Motorrad-Touren
ist eine Produktion von

MoTourMedia e.K. • Inh. Stephan Fennel
Hastener Straße 140 • 42349 Wuppertal
T +49 (0)2 02 94 60 02 26
verlag@motourmedia.de • www.motourmedia.de

2. überarbeitete Auflage 2024

ISBN 978-3-939997-54-2

Kartenbasis
© 123map; Daten: OpenStreetMap; Lizenz ODbL 1.0

Redaktion
Frank Sachau, Thomas Krämer, Stephan Fennel

Bilder
Thomas Krämer (Titelbilder: 2, 10, 12, 13, 14, 15, 17, 18, 19, 22, 24, 25, 26, 27, 29, 30, 31, 32, 34, 36, 37, 38, 39, 2 x 40, 41, 42, 43, 44, 46, 48, 49, 50, 2 x 51, 52, 53, 54, 55, 58, 60, 61, 62, 63, 64, 65, 66, 67, 70, 72, 73, 74, 2 x 75, 76, 77)
Schwarzwälder Freilichtmuseum Vogtsbauernhof Gutach (28)
Frank Sachau (Titelbilder: 2, 80, 82, 83, 84, 85, 2 x 86, 87, 88, 89, 90, 92, 2 x 94, 95, 96, 2 x 97, 98, 99, 100, 2x 101, 104, 2x 106, 107, 2x 108, 109, 2 x 110, 111, 112, 2 x 113, 116, 2 x 118, 119, 2 x 120, 2 x 121, 122, 123, 124, 125)

Layout | Routen-Kartographie
Stephan Fennel

Kontakt
leserservice@motourmedia.de

Webshop
www.tourershop24.de

INHALT

TOURGUIDE ÜBERSICHTSKARTE

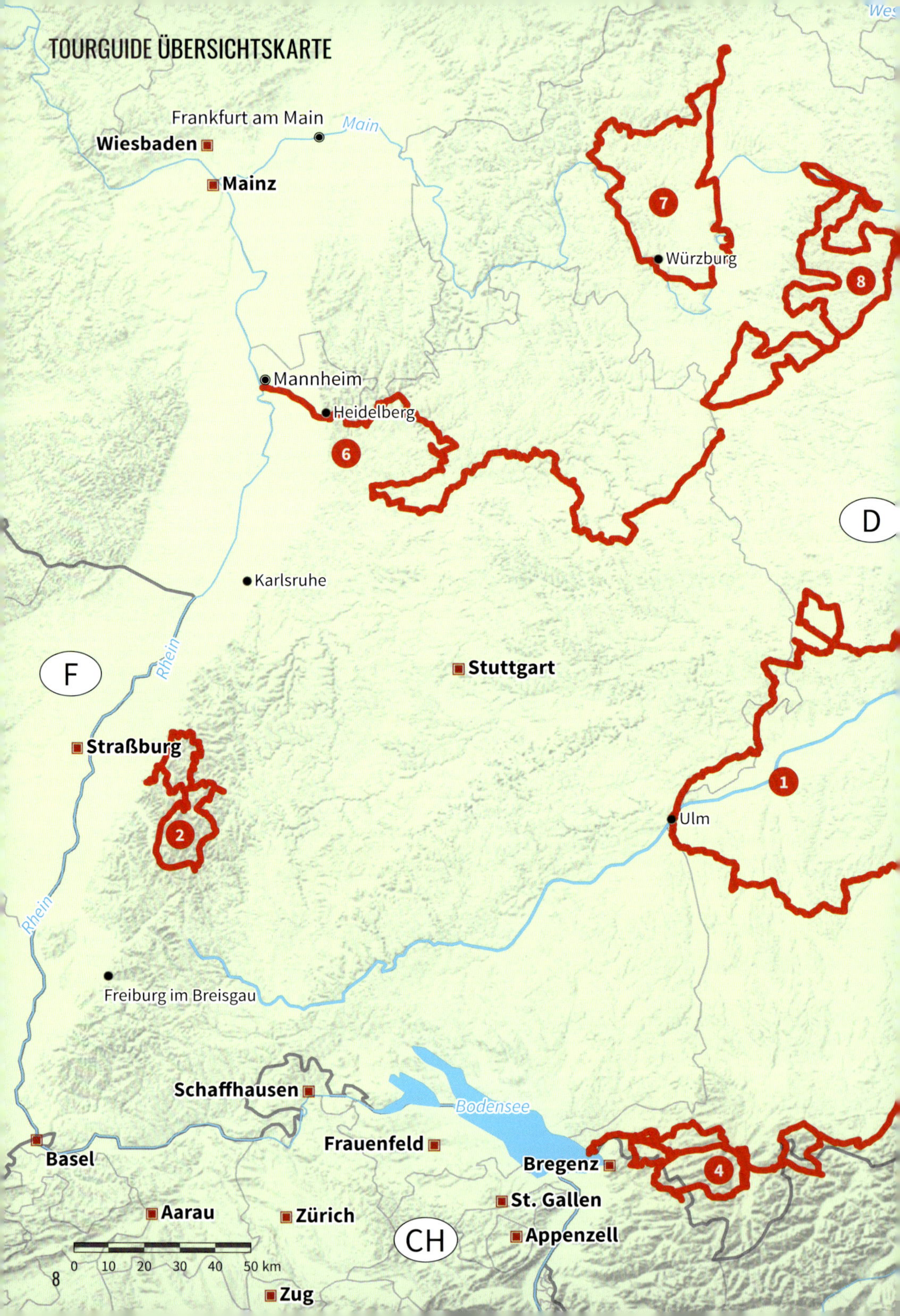

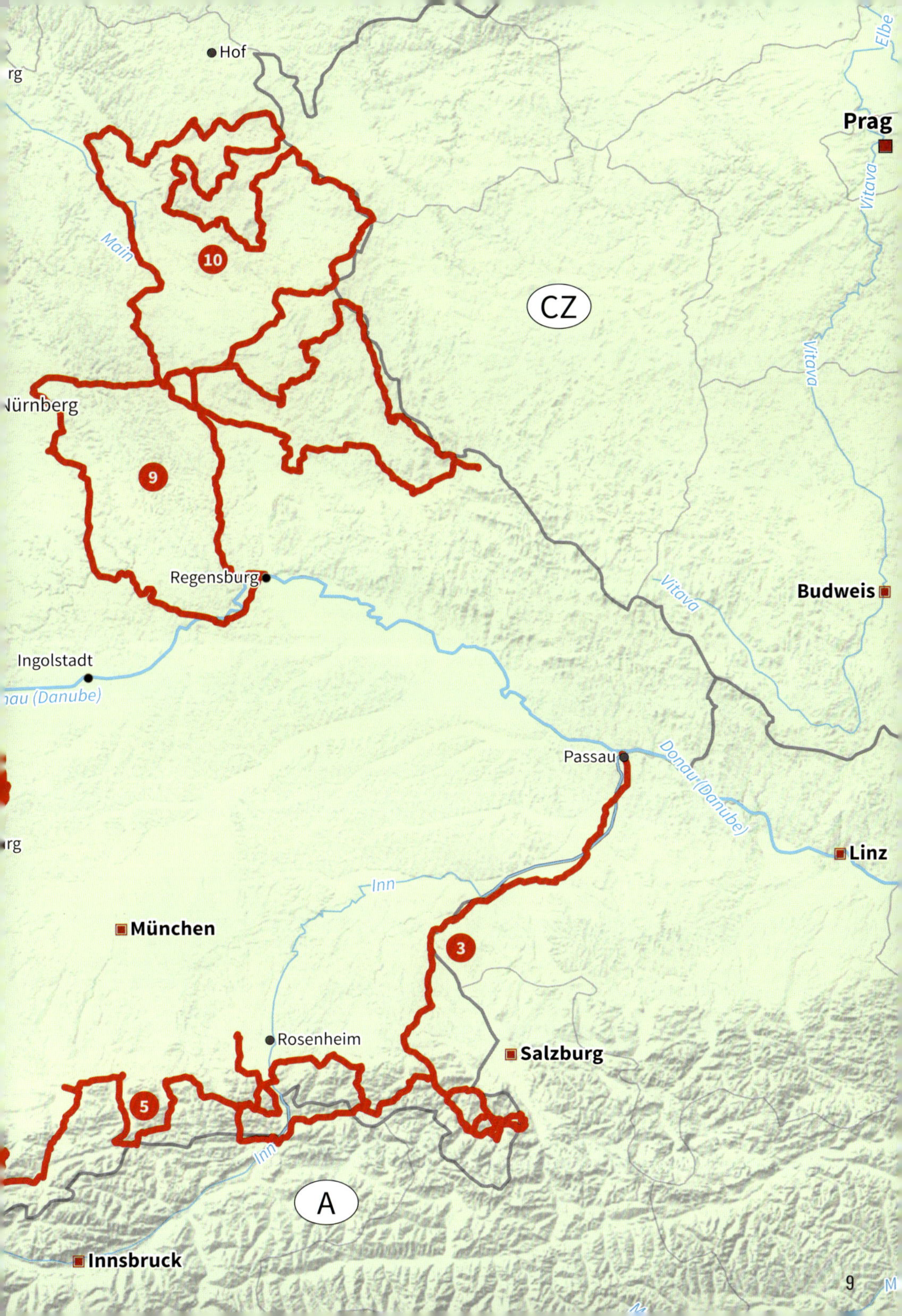

Hof
rg
Prag
Elbe
Vitava
Main
10
CZ
Vitava
Nürnberg
9
Regensburg
Vitava
Budweis
Ingolstadt
nau (Danube)
Passau
Donau (Danube)
rg
Linz
Inn
München
3
Rosenheim
Salzburg
5
Inn
A
Innsbruck

Im Fuggerreich

Im Dreieck zwischen Ulm, Augsburg und Nördlingen entdeckt man das Beste aus zwei Welten: auf der Straße und in den geschichtsträchtigen Städten. Dazu einen echten Knall-Effekt.

Weite Landschaft, rauer Belag: Bayrisch-Schwaben bietet ein Panorama mit Grip.

Grüne Wälder und Wiesen in Hülle und Fülle gibt es zwischen Iller und Lech.

Langsam verschwindet das Ulmer Münster im Rückspiegel. In der Stadt mit dem höchsten Kirchturm der Welt, dessen Spitze genau 161,53 Meter über den Münsterplatz ragt, hatte ich einen ganzen Tag verbracht. Natürlich schaute ich mir den weltberühmten Kirchenbau an, flanierte durch das Fischerviertel mit seinen kleinen Kanälen, besichtigte das Brotmuseum und ruhte mich schließlich am Donau-Ufer aus.

Seit ein paar Minuten rolle ich auf meiner V-Strom über bayerischen Boden, mit der Donau hatte ich auch die Landesgrenze von Baden-Württemberg überquert und die Maschine vor dem Rathaus von Weißenhorn abgestellt. „Hier gab es zuerst eine Burg, dann den Markt und erst später entstand die Stadt", erzählt Matthias Kunz, der das Stadtmuseum leitet. Bis 1507 gehörte die Stadt zu Vorderösterreich.

Dann jedoch hatte ein gewisser Jakob Fugger, auch genannt „der Reiche" das Sagen, weil Kaiser Maximilian von dem reichen Handelsmann Geld geliehen hatte, das er nicht mehr zurückzahlen wollte oder konnte. „50 000 Euro waren das umgerechnet", erzählt Matthias.

Kein Bier in der Stadt

Ganz problematisch war das Verhältnis zwischen den Bürgern von Weißenhorn und ihren reichen Herren nicht. Die Normalsterblichen brachten ihnen durch die Leinen- und Barchentweberei zwar Wohlstand, aber das Bier aus dem Fugger-Brauhaus durfte nicht in der Stadt verkauft werden. „Das stand unter Strafe“, erzählt der Stadtführer. In Weißenhorn hatte der Fugger-Clan geherrscht, gehandelt und gewohnt haben sie jedoch in einer anderen Stadt: Augsburg. Die ist mein Ziel am Abend. Vorher jedoch will ich das Waldgebiet zwischen Iller und Lech erfahren. Und das mit nur zwei Fixpunkten.

Den ersten, das Kloster Roggenburg, erreiche ich nach wenigen Minuten. Ein Grafengeschlecht baute die Anlage vor knapp neun Jahrhunderten für die Prämonstratenser, den größten römisch-katholische Orden regulierter Chorherren. Dieser exportierte seinen Glauben bis hinein in die Schweiz, gründete dort weitere Klöster und baute hier später die eigene Anlage im Barockstil aus.

Auf Schotter nach Krumbach

Zu meinem zweiten Fixpunkt, dem Ort Krumbach, würde eine breite Bundesstraße führen. Die ist mir jedoch zu langweilig, zumal ich auf der Landkarte ein paar kleine Sträßchen ausgekundschaftet hatte. Die führen mich durch kleine Dörfer, an Feldern vorbei und mitten durch den Wald – auch einmal auf Schotter. Irgendwann passiere ich das Ortsschild von Krumbach und gebe im Navi die Adresse von Gasthof Diem mitten im Zentrum des hübschen Ortes ein.

Juniorchef Johannes Diem, der in neunter Generation das Haus führt, leitet mich in den Biergarten und stellt mir eine Apfelschorle auf den Tisch – denn das, um was es jetzt vor allem geht, würde mich an einem Tag mit mehr als 30 Grad Celsius sicherlich aus den Motorradstiefeln hauen.

„Als vor ein paar Jahren der große Hype um Gin begann, kamen wir auf die Idee, es selbst herzustellen“, erzählt er. Prämisse waren regionale Zutaten. So bekommt man heute den Gänseblümchen-Gin in einer Steinzeugflasche. Eine interessante Kreation.

Für eine größere Runde reicht die Zeit nicht mehr. In das Navi gebe ich die Maximilianstraße in Augsburg ein, allerdings mit der Option kleiner Straßen. Ein schönes Auf und Ab durch hügeliges Waldgebiet, bis ich auf die B 17 einbiege. Im dichten Feierabendverkehr geht es zäh in Richtung Norden und hinein ins Zentrum von Augsburg zum Hotel.

Der Gasthof Diem serviert Gänseblümchen-Gin.

Hatte ich mir in Krumbach den Gin lediglich in die Motorradkoffer stecken können, darf ich nun Augsburg gleich einen kosten. So viel sei vorab verraten: Der Gin, den Radu Saracin für mich zaubert, gehört zum Besten, was ich jemals an Hochprozentigem getrunken habe. Der Bar-

Schöner und vor allem äußerst günstig wohnen lässt es sich in der Fuggerei von Augsburg, der ältesten Sozialsiedlung der Welt.

keeper verrät ein paar Zutaten: Zimt, Zitronenschale, Koriander, Kardamom, Angelikawurzeln und Honig – von Bienen vom Hoteldach. Den gerösteten Rosmarinzweig erkenne ich selbst. Ein herrlich kühlender Schluck an einem heißen Tag.

Hotel der Berühmtheiten

Das Drei Mohren mit seiner bekannten Bar ist das Vorzeigehotel in Augsburg. Schon Hermann Hesse, Bob Dylan, Mozart, Casanova und Gorbatschow haben hier, wo auch ich später mein Haupt betten würde, genächtigt. Doch wer seit diesem Jahr in dem markanten Gebäude mit den drei Mohren-Köpfen an der Fassade übernachten möchte, muss sich an einen neuen Namen gewöhnen. Nach der Diskussion über Rassismus haben die Chefs entschieden, das Hotel nach fünf Jahrhunderten umzubenennen. Es firmiert nun unter dem Namen Maximilian's.

In der Bar gesellt sich Ute zu mir. Mit ihr werde ich das abendliche Augsburg erkunden. Zielsicher führt sie mich durch die Gassen ihrer Heimatstadt zum Restaurant Bauerntanz. Hier ergattern wir noch einen Tisch im Freien. Meine erste Frage – nachdem ich einen Rostbraten mit Spätzle bestellt habe – lässt ein Lächeln in ihrem Gesicht entstehen. Ob man sich hier eher bayerisch oder schwäbisch fühlt, will ich von der netten Augsburgerin wissen. „Wir sind sowohl vom Dialekt her, als auch von der Lebensart irgendwo dazwischen", sagt sie. Was die Küche angeht, bekomme man hier sowohl Spätzle als auch Knödel. „Nur eines gibt es hier nicht" meint sie: „Kehrwoche".

Am nächsten Tag bin ich mit Stadtführerin Elisabeth Retsch unterwegs. Augsburg kannte ich bisher nur von Autobahn-Schildern und den Fernsehsendungen mit der Puppenkiste. Ein Fehler, wie sich im Laufe des Tages herausstellen soll. Immerhin hat es die Stadt wegen ihres Wassermanagements auf die Liste des Weltkulturerbes gebracht.

„Auch dieser Brunnen gehört dazu", sagt Elisabeth, als wir über die von prächtigen Gebäuden aus Gotik, Renaissance und Neoklassizismus gesäumten Maximilianstraße, der einstigen Via Claudia der Römer, spazieren und vor dem üppig verzierten Herkulesbrunnen stoppen.

„Der Brunnen wurde zusammen mit dem Merkurbrunnen und dem Augustusbrunnen vor rund 400 Jahren gebaut", erzählt sie. Augsburg sei damals eine sehr reiche Stadt gewesen, weltoffen und tolerant. „Man wollte zeigen, was man hat, nahm sich berühmte Bildhauer, die diese drei Prachtbrunnen mit ihren fast unbekleideten Renaissancefiguren entworfen haben." Ungewöhnlich für diese Zeit.

Frühe Wasserversorgung

Das südliche Ende des Prachtboulevards bilden zwei imposante, trotz unterschiedlichen Glaubens einträchtig nebeneinanderstehende Kirchen. Von dort geht es abwärts zum Großen und Kleinen Wasserturm. Die sind rund ein halbes Jahrtausend alt und hatten die Aufgabe, die zwölf Meter höher liegende Stadt mit frischem Wasser zu versorgen, auch die Prachtbrunnen.

„Ab dem 16. Jahrhundert konnten sich reiche Augsburger auch einen Wasseranschluss kaufen und bekamen das Wasser bis ins Haus geliefert, Tag und Nacht. Eine ganz tolle Geschichte, dafür musste man einmalig 200 Gulden bezahlen oder pro Jahr zehn Gulden. Damals gab es für 60 Gulden in der Altstadt ein Häuschen", erzählt die Stadtführerin.

Vom großen und kleinen Wasserturm folgen wir dem Schwallech, einem der vielen Kanäle, die auf der Gesamtlänge von 77 Kilometern durch Augsburg rauschen und

Der Herkulesbrunnen ist Augsburgs „Manneken Pis".

in Richtung Donau dabei beeindruckende 26 Meter Höhe verlieren. Wir flanieren entlang des Wassers durch das Ulrichs- und Lechviertel mit herzallerliebsten Cafés und Läden

„Handwerker haben früher die Kanäle als Energiequelle genutzt und sich angesiedelt" weiß Elisabeth. Auch heute noch gibt es hier 40 Wasserkraftwerke, die ein Drittel aller Privathaushalte mit Strom versorgen. Sogar 120 Biber leben im Stadtgebiet.

Wieder begegnet mir Jakob Fugger „der Reiche". Als Händler hatte er viel Geld verdient und gab diesen Reichtum zumindest teilweise zurück. So baute er 1521 mit der Fuggerei eine Sozialsiedlung. Sie gilt als älteste der Welt. „Er wollte, dass die Wohnungen immer günstig vermietet werden, weshalb er zusätzlich eine Stiftung ins Leben rief, deren Erlös auf immer und ewig dem Unterhalt der Häuser dient", erläutert die Stadtführerin. Alles, was er damals im Stiftungsbrief notiert hatte, gilt unverändert bis heute. „Wer hier einziehen will, muss Augsburger und in Not geraten sein."

AUTOREN-TIPP

Augsburg (48.366804, 10.898697) begeistert nicht nur durch seine Kanäle, Brunnen und Wassertürme, sondern auch mit prachtvollen Bauten im Zentrum. Dazu kommt die lauschige Atmosphäre entlang der Wasserläufe. Einen Tag sollte man in der sehenswerten Fuggerstadt mindestens einplanen.

augsburg.de

88 Cent Kaltmiete im Jahr

Für eine Wohnung mit durchschnittlich 60 Quadratmetern bezahle man damals wie heute eine Kaltmiete von umgerechnet 88 Cent im Jahr, muss aber einmal am Tag beten. 140 nahezu identisch aussehende Wohnungen gibt es, 155 Menschen leben hier und verwechseln auch im Dunkeln ihr Heim nicht, da die Griffe der Klingelzüge alle unterschiedlich gestaltet sind. Daher kommt auch die Redensart: Man hat es im Griff.

Gerne würde ich noch ein Weilchen in der Stadt bleiben. Dem Zeitplan ist es geschuldet, dass ich wieder auf mein in der Tiefgarage des Hotels stehendes Motorrad steige und Augsburg in Richtung Osten verlasse. Ich hatte mir eine Route geplant, die durch dünn besiedeltes Bauernland führt, erst einmal zur Wallfahrtskirche Maria Birnbaum. Die entstand im 17. Jahrhundert als einer der ersten Zentralbauten des Barock und bildet mit ihren Kuppeln und Türmen einen ungewöhnlichen Anblick.

In Marxheim überquerte ich die Donau und folge den kleinen Straßen durch den nördlichen Zipfel von Bayerisch-Schwaben. Durchquere dabei kleine Orte, in denen die Hitze dieses Sommertages die Menschen von

Krater Noster ist ein weiterer spannender Gin aus der Region.

den Straßen gefegt zu haben scheint. Die Passagen durch die Wälder bringen ein wenig Schatten, während auf den Feldern die Luft steht. Der Blick zum Himmel verspricht baldige Abkühlung. Es bauen sich dunkle Wolken auf, aus denen die Blitze zucken.

Prächtige Aussicht

Ich gewinne den Slalom durch die Gewitterwolken und erreiche nach einer kurzen Fahrt den kleinen Ort Harburg, der mit einer großen Sehenswürdigkeit punktet: der oberhalb des Flüsschens Wörnitz gelegenen gleichnamigen Burg. Rund neun Jahrhunderte haben die ältesten Teile des Gemäuers auf dem Buckel. Die Aussicht ist so prächtig wie das Schloss alt.

Harburg nennt sich auch das Tor zum Ries. Auffallend ist auf den letzten, eher langweiligen Kilometern auf der B 25 nach Nördlingen das Gefühl, eine überdimensionale Bratpfanne zu queren. Die Erklärung dafür sollte ich am nächsten Tag bekommen. In meiner Unterkunft, dem Gasthaus zur Sonne, erfahre ich, wer in dem 1350 erbauten Gebäude direkt im Zentrum schon übernachtet hat: Es waren Fürsten, Goethe – und erstaunlicherweise die Astronauten aus dem Apollo-Programm.

Erst einmal treffe ich mich aber mit Michael Eßmann, der mir seine Heimatstadt näher bringen möchte. Die schönsten Ecken sind rund – so wirbt Nördlingen. Warum das so ist, erläutert der Michael. „Die geschlossene Stadtmauer umgibt das historische Zentrum" erklärt er. Mit strammen Schritt wäre man eine halbe Stunde unterwegs, schließlich ist sie rund 2,7 Kilometer lang. Die Mauer erreichen wir aber erst später.

Ein erster Stopp am Rathaus. „34 Frauen und ein Mann wurden hier

Die Wallfahrtskirche Maria Birnbaum ist barocke Pracht.

gefoltert, später vor den Toren der Stadt hingerichtet", berichtet Michael aus der dunklen Zeit der Hexenverfolgung. Auch einen zuletzt 1803 genutzten Pranger gibt es. „Wer hier mit Händen und Kopf fixiert wurde, verlor seine Ehre damit meistens auch seine Existenz", ergänzt er. Wenige Schritte weiter erreichen wir einen der Plätze, auf den früher Markt abgehalten wurden, Tiere, Töpfe und vieles mehr einen neuen Besitzer fanden.

„Die Nördlinger Messe im 14. und 15. Jahrhundert war nach Frankfurt die größte Messe weit und breit", erzählt Michael. Rund 2000 Händler waren es, die von weit her in die damals 7000 Einwohner zählende Stadt strömten. Ein gutes Geschäft für die Wirtshäuser, von denen es im 17. Jahrhundert insgesamt 70 gab. „Jedes vierte Haus war damals ein Gasthaus" sagt er schmunzelnd. Im Gerberviertel kühle ich mir in einem Kanal die Füße, bevor wir auf der Stadtmauer zu einem der gut erhaltenen Türme kommen, die seit jeher den Eingang in die Stadt bewachen.

Schweine werden geachtet

Doch das wäre fast einmal schief gegangen. Der Graf von Oettingen wollte 1440 die freie Reichsstadt Nördlingen einnehmen und bestach die Wachen am Löpsinger Tor. „Doch weil Schweine sich an das unverschlossene Stadttor lehnten und dieses sich öffnete, fiel der Coup auf", erzählt der Stadtführer. Seitdem achtet man in Nördlingen die Schweine.

Der informative Tag endet mit einem leckeren Essen im Restaurant Daniels und einem Eis auf dem Marktplatz mit Blick auf den Daniel genannten Turm der Georgskirche.

Wolken vertreiben am nächsten Tag die Hitze. Ich will dem Rätsel des Ries-Kraters auf den Grund gehen. Es muss ein ohrenbetäubender Knall gewesen sein, als vor rund 14 Millionen Jahren hier ein einen Kilometer großer Asteroid mit einer Geschwindigkeit von 72 000 Stundenkilometern einschlug und die Landschaft in Sekundenbruchteilen völlig veränderte. Zu sehen ist das an verschiedenen Stellen in dem überdimensionalen und einer Bratpfanne ähnelnden Krater.

Erklären kann das am besten jemand wie Ernst Hopf, den ich am ein paar Kilometer südlich von Nördlingen am Kraterrand treffe. „Diese Katastrophe würde heute ein Drittel der Welt beeinträchtigen, in einem Radius von 100 Kilometern alles Leben vernichten und sogar noch an der Nordsee Häuser einstürzen lassen", vermittelt er mir die Dimension dieses Einschlags.

Ein Asteroid, kein Vulkan

„Lange Zeit hat man geglaubt, dass ein Vulkanausbruch für diesen einst 500 Meter tiefen und zeitweise mit Wasser gefüllten Krater verantwortlich sei" erzählt der ehemalige Lehrer auf dem Weg zu einem Steinbruch. Erst 1960 habe ein amerikanischer Geologe bewiesen, dass es ein kosmischer Gesteinseinschlag war. Eine Schlüsselrolle für diese Erkenntnis habe der „Schwabenstein", der Suevit gespielt, der sich unter hohem Druck und extremer Temperatur beim Einschlag des Asteroiden bildete und aus dem die Kirche in Nördlingen mit-

Nördlingens Stadtmauer ist als Ort der Ruhe überaus sehenswert.

TOUREN-STECKBRIEF

STRECKENLÄNGE 380 Kilometer

ROADBOOK Ulm, Weißenhorn, Krumbach, Augsburg, Marxheim, Harburg, Nördlingen, Nördlinger Ries, Ulm.

CHARAKTERISTIK Fahrerische Schwierigkeiten gibt es bei dieser Tour durch Bayerisch-Schwaben keine. Das Straßennetz ist bestens ausgebaut und erlaubt Ausritte auf kleinen Sträßlein durch eine abwechslungsreiche Landschaft, die geprägt wird von Wald sowie zahlreichen Flusstälern.

ATTRAKTIONEN **Weißenhorn** ist ein kleines, pittoreskes Städtchen mit sehr viel spannender Fugger-Vergangenheit (48.304631, 10.160048). Die **Burg Harburg** (48.784816,10.686915) liegt oberhalb des gleichnamigen Ortes. Sowohl Aussicht als auch Architektur sind beeindruckend. **Nördlingen** (48.851658,10.488587) wiederum lohnt einerseits wegen der hübschen, von der geschlossenen Stadtmauer umgebenen Altstadt und zum anderen wegen des **Rieskraters** (48.854001,10.486875) der nach einem Asteroideneinschlag entstand.

UNTERKUNFT Mitten im Zentrum von Augsburg liegt an der Maximilianstraße das **Hotel Maximilian's** (48.365543, 10.899247), das bis 2020 unter dem Namen Drei Mohren firmierte und schon früher Promis und Politiker beherbergte. Unbedingt den hauseigenen Gin mit Honig probieren.

hotelmaximilians.com

Im **Kaiserhof Hotel Sonne** direkt am Marktplatz von Nördlingen (48.851417, 10.488736) betteten schon Herrscher ihre hochwohlgeborenen Häupter, es ist aber auch bestens für ganz normale Biker wie uns geeignet.

kaiserhof-hotel-sonne.de

samt dem bereits erwähnten Daniel-Turm gebaut wurde.

Kreuz und quer verlaufen die Gesteinsschichten in der Steinbruchwand, sie sind höchst unterschiedlich gefärbt und begeistern jeden Gesteinskundler, zumal man selbst bereitgelegte Steine klopfen kann. „Direkt in der Nachbarschaft übten Astronauten der Apollo-14-Mission, welche Steine man am besten einsammelt und zur Erde zurückbringt. Sie fanden später auf unserem Trabanten genau diesen Suevit und bewiesen damit, dass die Mondkrater durch Meteoriteneinschläge zustande gekommen sind," so der Experte.

Empfehlenswerter Gin

Ernst hat es geschafft, mich für die Geologie des Nördlinger Ries zu begeistern. Die einzigartige Natur macht sich auch Karl Scheible in Alerheim zunutze. Er destilliert aus den an den trockenen Kraterwänden wachsenden Wacholderbeeren den Krater Noster, einen weiteren äußerst empfehlenswerten Gin aus dieser spannenden Region.

Der sollte jedoch in den Koffer gesteckt werden und nicht in den Magen fließen, wenn man noch mit dem Motorrad unterwegs ist – so wie ich. Denn bis Ulm, dem Endpunkt meiner Rundreise durch Bayerisch-Schwaben, sind es doch noch etliche Kilometer auf kurvigen Straßen. ◂

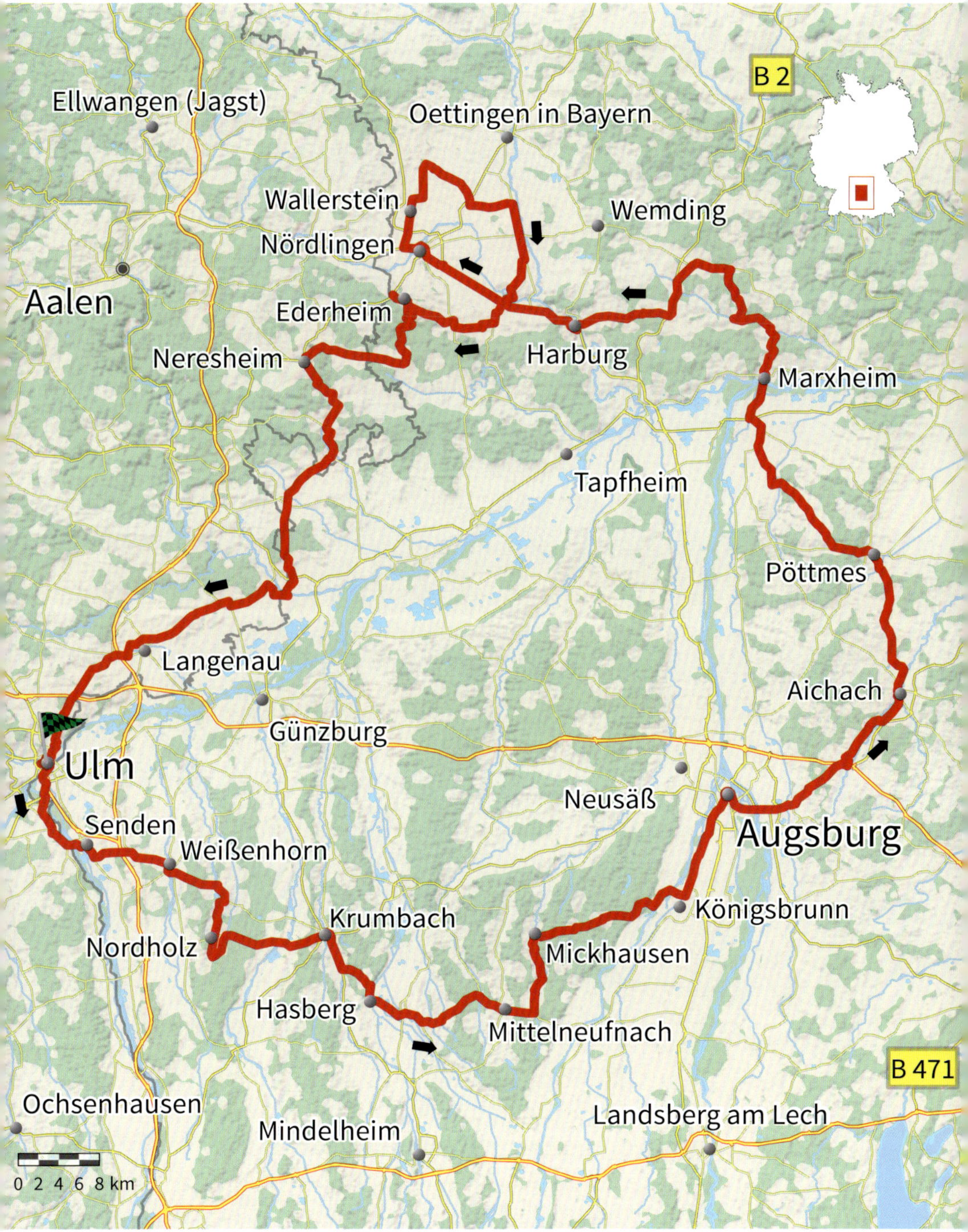
B 2
Ellwangen (Jagst)
Oettingen in Bayern
Wallerstein
Wemding
Nördlingen
Aalen
Ederheim
Harburg
Neresheim
Marxheim
Tapfheim
Pöttmes
Langenau
Aichach
Günzburg
Ulm
Neusäß
Augsburg
Senden
Weißenhorn
Königsbrunn
Krumbach
Nordholz
Mickhausen
Hasberg
Mittelneufnach
B 471
Ochsenhausen
Landsberg am Lech
Mindelheim
0 2 4 6 8 km

Stilvoll cruisen

Der Schwarzwald zählt zu den Motorrad-Klassikern im Süden Deutschlands, schließlich kann man hier nach Herzenslust auf kleinen Straßen durch das Mittelgebirge cruisen.

Die weiten Schwarzwald-Schwünge sind zum Cruisen bestens geeignet.

Im Schwarzwald gibt es nicht nur Wälder, sondern auch Weinberge zu bestaunen.

Ein tiefes, sonores Blubbern hallt durch die Tiefgarage des Hotels Ritter in Durbach. Unverkennbar: Harley-Sound. Es sind eine Street Glide und eine Sportster Roadster, die von den Gästen gemietet werden können. Die Erstere ist ein knapp 380 Kilogramm schwerer Cruiser, wie geschaffen für weite Schwarzwald-Schwünge. Letztere ist gut 120 Kilo leichter und wendiger – und vor allem für kleinere Fahrer geeignet.

„Wir möchten unseren Gästen die Chance bieten, einmal auf einem solchen Mythos unterwegs zu sein", sagt Dominic Müller. Das traditionsreiche Hotel Ritter – über dessen Küche sogar ein Michelin-Stern strahlt – liegt ideal, weil mitten im Ortenaukreis. Wem das nichts sagt: Der Schwarzwald liegt vor der Haustür, in Offenburg ist man in zehn Minuten, in Straßburg in einer halben Stunde und die Vogesen auf der anderen Seite des Rheins sind ein wunderbares Ziel für eine Tagestour, bei der man das Savoir-vivre unserer französischen Nachbarn erleben kann.

Dominic will an diesem Tag Kumpel Walter und mir „seinen" Schwarzwald zeigen. „Die Klassiker, aber auch ein paar wildromantische, unbekannte Strecken", wie er sagt. Schon in Leder gewandet, blicken wir auf die Karte, Dominic skizziert die ungefähre Route: Kinzigtal, Kniebis, „und zum Schluss, wenn die Zeit noch reicht, eine Schwarzwälder Kirschtor-

Durbach präsentiert sich als eine perfekte Tourenbasis.

te in Sasbachwalden". Kurz darauf tuckern wir durch den Ort – rechts der Durbach, links ein paar Geschäfte.

Nach dem Ortsschild müssen die Motoren dann etwas mehr arbeiten – es geht hinauf durch die Weinberge. „Durbach ist der Ort mit den meisten privaten Weingütern in Baden-Württemberg", das hatte uns die nette Bedienung beim leckeren Abendessen am Tag zuvor verraten. Man sei hier spezialisiert auf den Anbau in Steillagen und könne auf eine große Zahl prämierter Weinerzeuger blicken. „Da sind wir in Deutschland, sogar in Europa mit an der Spitze", sagte sie stolz. Ein Grund dafür seien die vielen unterschiedlichen Lagen am Übergang zwischen Rheinebene und Schwarzwald.

Unser Bike-Trio setzt auf höchst unterschiedliche Untersätze: die beiden auf den bereits angesprochenen Harleys, ich auf einer Honda Africa Twin, die von Touratech auf der anderen Seite des Schwarzwaldes umgebaut worden war. Und es geht schon gleich gut los. Denn Durbach schmiegt sich in die Weinberge ein wie eine Katze in ein mit weichen Kissen ausgelegtes Körbchen.

Kleines Sträßlein

Die erste Kurve, um sich an die Maschinen zu gewöhnen, ein Schwarzwaldhaus, lilafarbene Lupinen. Und dann biegt Dominic nach einigen wenigen Kilometern auf der B 28 auf ein Sträßlein ein, das nur auf sehr detaillierten Karten verzeichnet ist. Am

Manches alte Gemäuer bietet einen grandiosen Blick über die zum Rheintal hin abfallenden Weinberge.

Hengstbach entlang geht es durch ein stilles Tal hinauf, die Bäume schließen sich über uns zu einem Dach zusammen. Ein paar Kühe glotzen den ungewohnten Störenfrieden hinterher und kauen, nachdem sie kurz aufgeblickt haben, weiter auf den frischen Grashalmen.

Dann wieder kurz auf die B 28, die hier durch das idyllische Renchtal verläuft, und schon ist es genug mit dem Schwingen, jetzt wird wieder gekurvt. Auf der L 94 hinauf durch dichten Wald auf knapp 800 Meter Höhe. Frische Luft weht durch den Helm, es riecht nach Holz, Harz und kurz darauf nach Blumenwiese. Die Nordrach fließt durch eines der typischen Schwarzwaldtäler mit vereinzelten Höfen, kleinen Dörfern, einer riesigen Rehaklinik, Sägewerken und auch einer Fabrik.

Im Schwarzwald kommen Idylle und Moderne vielerorts zusammen. „Auch die Gäste werden deutlich jünger. Der Schwarzwald ist schon längst mehr kein Reiseziel, das nur von Rentnern besucht wird", erzählt Dominic via Helmfunk.

Das Kinzigtal zwingt uns ein Stück auf die Hauptstraße. An einer Ampel merken wir, dass man solche Ab-

TOUREN-TIPP

Die **Dorotheenhütte** in Wolfach ist die letzte aktive Mundblashütte des Schwarzwaldes. Hier kann man noch Glasbläsern und Glasschleifern bei ihrer Arbeit zuschauen.

dorotheenhuette.info

schnitte mit viel Verkehr tunlichst meiden sollte. Noch dazu, weil es mittlerweile recht warm ist. „Lasst uns in der Dorotheenhütte was trinken“, schlägt Dominic vor und landet damit einen Volltreffer. Nicht weil die Cola hier besonders gut schmeckt (sie schmeckt so wie überall), sondern weil wir einen Blick in die Glashütte werfen können.

Schwitzen am Ofen

Hier wird noch nach guter alter Handwerkskunst Glas geblasen. Gebrauchsglas, Sonder-Editionen – „sogar Glasrequisiten für einen Hollywoodfilm wurden hier schon kreiert“, sagt Ralf Müller und ergänzt: „Wir sind die letzte traditionelle Glashütte im Schwarzwald.“ Man könne als Besucher die Atmosphäre, die Hitze, die aus den 1200 Grad heißen Öfen herausstrahlt, noch hautnah erfahren, sagt der Geschäftsführer.

Die Glasmachertradition im Schwarzwald ist fast 800 Jahre alt. Die Klöster sahen damals die Glasherstellung als Einnahmequelle und luden Glasbläser-Familien in den Schwarzwald ein. „Nach 15 Jahren war der Wald rund um die Glashütte weg“, sagt Müller. Dann zog man weiter ins nächste Tal. „Davon geben heute noch Ortsnamen wie Altglashütte oder Neuglashütte Zeugnis.“

Ob wir es selbst mal versuchen wollen, fragt Müller und erntet erstaunte Blicke. „Geht das denn so einfach?“

Die Dorotheenhütte ist nicht nur ein attraktives Glasmuseum, sondern ein bis heute aktiver Glasbläserbetrieb.

Kurz darauf stehen wir neben dem heißen Ofen, in dem das Glas geschmolzen wird. Angelo Basam nimmt uns unter seine Fittiche. Eine Vase? Wenn er uns das zutraut ... Welche Farbe? Zu Hause ist vieles in einem dunklen Rot. Gut, dann eben dieser Farbton.

Blasen, Stärker!

Der Glasbläser präpariert einen glühenden Klumpen mit Pigmenten, schwingt und dreht die glühende Masse, drückt mir das Glasrohr in die Hand und dreht es. „Blasen!" Der Klumpen wächst. „Stärker!" Der Klumpen wächst weiter, nimmt Form an. Basam dreht das gute Stück ein paar Mal, gibt ihm die letztendliche Form und legt es in einen Abkühlofen. „Das könnt ihr später oder besser morgen abholen", sagt Müller. „Oder wir schicken es euch zu", ergänzt er. Und das ist für Motorradfahrer sicherlich eine gute Alternative.

Dass in den Räumen der Glashütte gerade die jährliche Kuckucksuhrenausstellung des Kuckucksuhrenherstellerverbands aufgebaut wird, ist ein wahrer Glücksfall. „Fünf Wochen war ich mit dem Bau dieser Uhr beschäftigt", sagt Andreas Winter aus Schönwald und zeigt auf sein Meisterwerk. Das sei eine Neuentwicklung, die eine Schwarzwaldwirtschaft mit tanzenden Jugendlichen darstellt. Kurios ist auch die Ausstellung mit schönem Christbaumschmuck. „Das meiste

In der Stube im Vogtsbauernhof kann man der Bollenhutmacherin über die Schulter schauen.

verkaufen wir im Sommer", sagt Müller und ergänzt auf meinen verwunderten Blick hin: „Wenn die Touristen im Schwarzwald unterwegs sind."

Zurück in die Vergangenheit

Wir haben uns verquatscht und verblasen. Da muss der Besuch im nahe gelegenen Freilichtmuseum Vogtsbauernhof ein wenig kürzer ausfallen. Zumindest haben wir Zeit, um uns mit der spannenden Entstehungsgeschichte zu beschäftigen. Diese ist geprägt von einer gewissen Barbara Aberle, die mit ihrer Familie die letzte Bewohnerin des verarmten Hofes gewesen ist. Der Landkreis Wolfach erwarb diesen im 1963, ein Jahr später wurde das Freilichtmuseum gegründet. Die Familie Aberle blieb aber noch ein ganzes Jahr auf ihrem Hof wohnen und erlebte dabei, wie täglich immer mehr Besucher in ihrem Heim ein und ausgingen, über ihr Leben Bescheid wissen wollten, die beobachteten, wie sie das Essen zubereitete und ihr nebenbei Löcher in den Bauch fragten. Es muss skurril gewesen sein.

Auf der wenig befahrenen, dafür umso kurvigeren L 93 wollen wir dann die Motoren unserer Bikes auf Touren bringen. Das gelingt bei dieser Strecke recht schnell. Dann Bad Peterstal, ein Schwenk auf die B 28 und dann Walters Blick auf die Tankanzeige seiner Sportster. „So langsam sollte ich ...", sagt er bei einem kurzen Stopp. „Kein Problem, in Kniebis gibt es eine hübsche Avia-Tankstelle mit einer ganzen Menge Flair", sagt Dominic. Die erreichen wir auch – so wie die Kniebis-Hütte mit Blick auf Skilift und Wurstsalat.

Die Schwarzwaldhochstraße zwischen Baden-Baden und Freudenstadt führt nicht nur durch eine fantastische Landschaft, sondern bot dank herrlich zu fahrender Kurven auch Motorradfahrern ein tolles Fahrerlebnis. „Bot" aus dem Grund, weil seit 2017 zwischen Alexanderschanze und Baden-Baden maximal Tempo 70 gefahren werden darf. >

Auch der Tank sollte für eine Schwarzwaldtour gut befüllt sein. Das lässt sich in Kniebis stilvoll erledigen.

Wenn man eh schon langsam unterwegs ist, kann man auch dem Lotharpfad einen Besuch abstatten. Der ist nicht dem Erfinder der Kuckucksuhr oder der Schwarzwälder Kirschtorte gewidmet, sondern einem Orkan. Der war am 26. Dezember 1999 über Süddeutschland gefegt. Windgeschwindigkeiten bis zu 200 km/h wurden damals hier oben am Schliffkopf gemessen. Dem konnte praktisch kein Baum widerstehen. Aufgeräumt wurde hier danach nicht.

Auf einem schönen Weg läuft man an toten, am Boden liegenden Fichten vorbei; Wurzelteller ragen wie mystische Wesen aus dem Unterholz hervor. Und darüber und daneben grünt es. Die Natur heilt sich selbst und gibt neuen Pflanzen und auch Tieren Lebensraum. Dies alles ist auch mit Motorradklamotten machbar, schließlich ist der Weg gerade einmal 900 Meter lang und ziemlich eben.

Ein paar Kilometer geht es wieder zurück und dann auf der L 92 hinunter nach Oppenau. „Meine Hausstrecke", bekennt Dominic. „Eine der schönsten, aber auch gefährlichsten Strecken im Schwarzwald", fährt er fort. Denn auf der engen und sehr kurvigen Strecke kämen Motorradfahrer immer wieder auf die Gegenfahrbah. Bei uns geht alles gut. Und das gilt auch auf der nicht minder reizvollen K 5370 hinauf zu den Allerheiligen-Wasserfällen und – jetzt wieder auf der B 500 – zu Hornisgrinde und Mummelsee.

Torte im Garten

Eigentlich ist es nicht mehr weit ins Hotel. „Rund eine Stunde", schätzt Dominic. Doch am Hotel Talmühle kommen wir nicht vorbei. Oder besser: dessen weitläufigem, vom Sasbach durchflossenem Garten, in dem eine ganze Reihe von Tischen aufgestellt sind. Und an einem Stück Schwarzwälder Kirschtorte. Wir wehren uns nicht dagegen, dieses Klischee zu erfüllen. So können wir uns für das Abendessen noch ein wenig Zeit lassen. Denn das ist ein paar hundert Meter vom Hotel entfernt auf Schloss Staufenberg geplant. „Lasst euch Zeit,

Bevor es in die luftige Einsamkeit der Schwarzwaldhöhen geht (großes Bild), sollte man sich stärken – etwa mit einer üppigen Schwarzwälder Kirschtorte.

geht ins Spa oder entspannt ein wenig", empfiehlt Dominic, als wir die Bikes wieder in der Garage parken.

Ein leichter Wind weht vom Rheintal herüber und vertreibt die Wär-

TOUREN-STECKBRIEF

STRECKENLÄNGE ca. 200 Kilometer

ROADBOOK Durbach, Oberkirch, Ödsbach, Ibachm, Löscherberg, Nordrach, Zell, Steinach, Hausach, Wolfach, Bad Peterstal, Bad Griesbach, Kniebis, Allerheiligen, Ruhestein, Sasbachwalden, Oberkirch, Durbach.

CHARAKTERISTIK Der Schwarzwald ist nicht zu unterschätzen, wenn man die Hauptstrecken meidet und auf kleinen Straßen mit zum Teil engen Kehren unterwegs ist. Die beschriebene Route ist an einem Tag zu schaffen, kann jedoch auch ein ganzes Wochenende einnehmen. Dann hat man mehr Zeit für interessante Stopps.

ATTRAKTIONEN Der **Lotharpfad** (48.5067549, 8.2229107) ist ein Walderlebnis- und Lehrpfad im Naturschutzgebiet Schliffkopf an der Schwarzwaldhochstraße zwischen Oppenau und Baiersbronn. Wer schon immer wissen wollte, wie im Schwarzwald in den letzten 600 Jahren gewohnt, gelebt und gearbeitet wurde, sollte dem **Freilichtmuseum Vogtsbauernhof** (48.270970, 8.200270) einen Besuch abstatten.

UNTERKUNFT Auf eine lange Tradition blickt auch das **Hotel Ritter** in Durbach zurück. 1656 wurde es zum ersten Mal urkundlich erwähnt. Heute präsentiert sich das mehrfach ausgebaute und modernisierte Hotel mit einer stilvollen Mischung aus Alt und Neu. Auch kulinarisch hat es einiges zu bieten. Da sind der Wilde Ritter, der mit einem Michelin-Stern ausgezeichnet wurde, aber auch die Ritter-Stube mit traditionell badischen Gerichten sowie das Hausgastrestaurant Wintergarten. Einfache Speisen genießt man bei atemberaubender Aussicht im Biergarten auf Schloss Staufenberg.

ritter-durbach.de

me eines herrlichen Frühsommertages. Wir sitzen auf der Sonnenterrasse des Schlosses, ordern passend zu den warmen Temperaturen einen kühlen Rosé aus dem Weinberg des Markgrafen von Baden und lassen den herrlichen Tag Revue passieren.

„Dort hinten sieht man das Straßburger Münster", sagt die Bedienung, die unser Rätselraten über die Umgebung mitbekommen hat. Am Horizont ditscht der glutrote Sonnenball auf der Silhouette der Vogesen auf. Ein fantastischer Anblick, der uns bis in die Dämmerung hinein fesselt.

Wir haben den Durbacher Wein gekostet – und deswegen geht es mit

dem Taxi zurück und nicht mit dem Motorrad. Wir möchten ja weder mit der Polizei noch mit den Rebstöcken am Straßenrand in unliebsamen Kontakt kommen. Schließlich wollen wir auch morgen wieder auf zwei Rädern unterwegs sein. Im Südschwarzwald? Oder auf der anderen Rheinseite? Das werden wir beim Frühstück noch ausführlich besprechen … ◂

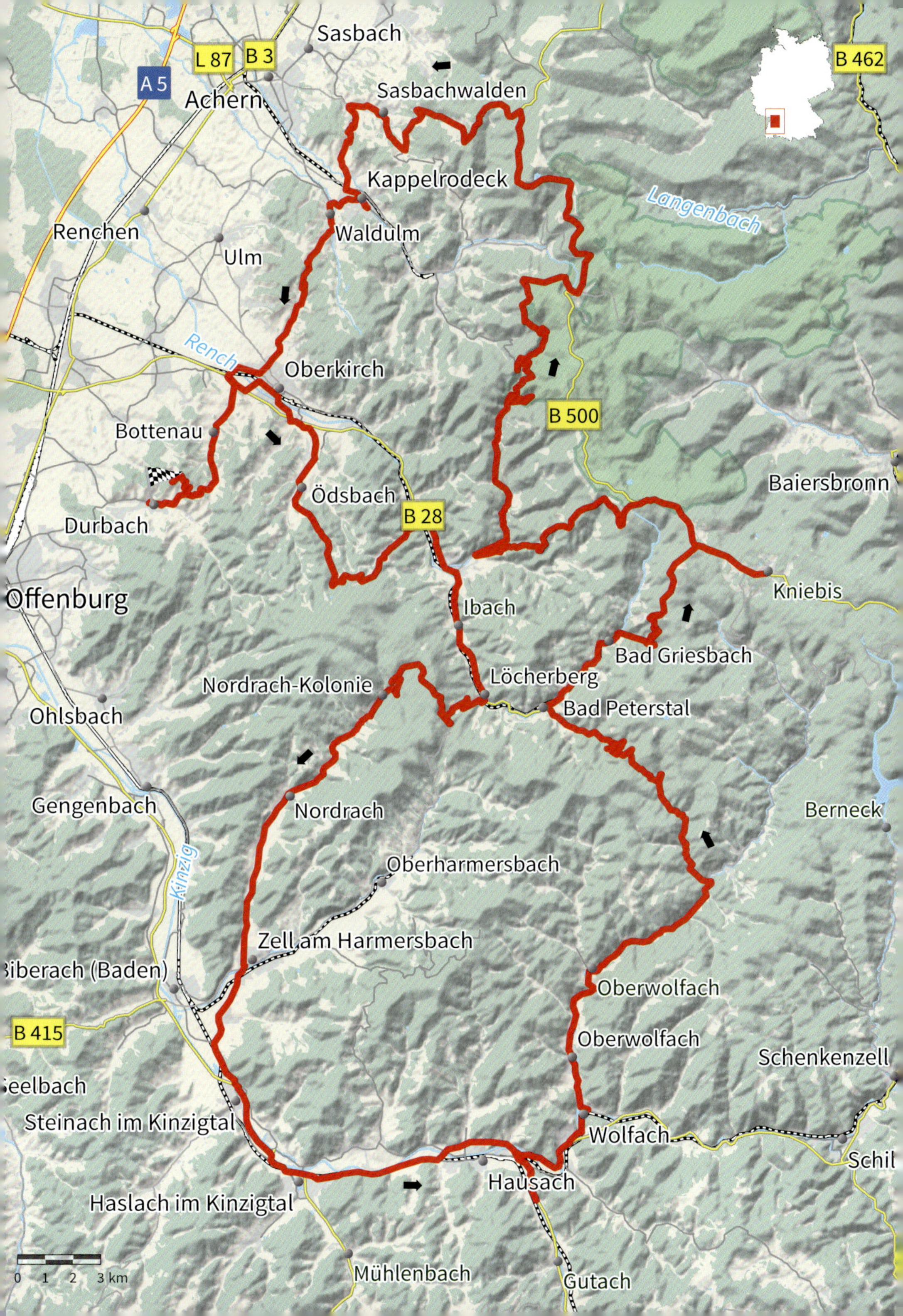

Sasbach
L 87
B 3
A 5
Achern
Sasbachwalden
B 462
Kappelrodeck
Langenbach
Renchen
Waldulm
Ulm
Rench
Oberkirch
B 500
Bottenau
Ödsbach
B 28
Baiersbronn
Durbach
Offenburg
Ibach
Kniebis
Bad Griesbach
Nordrach-Kolonie
Löcherberg
Bad Peterstal
Ohlsbach
Gengenbach
Nordrach
Berneck
Oberharmersbach
Kinzig
Zell am Harmersbach
Biberach (Baden)
Oberwolfach
B 415
Oberwolfach
Schenkenzell
Seelbach
Steinach im Kinzigtal
Wolfach
Schil
Hausach
Haslach im Kinzigtal
0 1 2 3 km
Mühlenbach
Gutach

Bayerisches Grenzland

Zwischen Passau, wo die Donau nach Österreich entweicht, und dem Chiemgau liegen einige faszinierende Motorradstrecken. Entlang der Flüsse, an königlichen Seen und vorbei an den nördlichen Alpen verläuft diese Tour.

Den besonderen Reiz einer Fahrt entlang des Inns machen die historischen Orte wie Neuhaus und Schärding aus.

Man möchte ein Vogel sein und hinunter schauen auf eine Landschaft, wo sich nicht nur drei Flüsse vereinen, sondern auch drei Farben. Die Donau, deren blaue Farbe schon Dichter beschrieben haben, der Inn, der vom Schmelzwasser der Gletscher grün gefärbt ist, und die schwarze Ilz, die ihre Farbe aus einem Moorgebiet mitgenommen hat.

Mittendrin die Altstadt von Passau. Straßencafés und Geschäfte, Kirchen und Kultur. Am höchsten Punkt thront der Dom St. Stephan mit der größten Domorgel der Welt. Man fühlt sich wohl in dieser Stadt, die ein schon fast südländisches Flair versprüht, gleichzeitig aber auch ein Hort bayerischer Tradition ist.

Ein schöner Blick auf Passau.

Ich mache mich auch auf den Weg und gehe auf Alpenkurs. Neuburg, ein paar Kilometer südlich, ist einer der kleinen Orte, in dem man gerne ein wenig bleiben möchte. Leider habe ich zu wenig Zeit. Nachdem ich ein Stück entlang von Getreide- und Rapsfeldern gefahren bin, passiere ich das Ortsschild von Neuhaus am Inn. Also verlasse ich die Bundesstraße und biege ab hinunter zur alten Innbrücke.

Ein kurioser Namen

Auf einer Felsinsel im Fluss bauten bayerische Herzöge vor über 600 Jahren ein Schloss. Damit sollte die wichtige Brücke geschützt werden, auf der die Händler den Fluss überquerten. Seit 150 Jahren gehört das prächtige Gebäude mit der rosa-weißen Fassade und den prunkvollen Giebeln einem Institut, dass einen höchst kuriosen Namen trägt: Institut der Englischen Fräulein.

Über die alte Brücke lenke ich die BMW hinüber nach Schärding. Nun bewege ich mich auf rot-weiß-rotem Territorium bewege. Die Häuserzeile, die von der anderen „deutschen" Innseite aus zu erkennen war, sah vielversprechend aus. Enttäuscht wird man von dem kleinen, charmanten Ort nicht. Die barocke Silberzeile ist das Prunkstück. Reiche Kaufleute mit Taschen voller Silberlinge sollen hier einst gewohnt haben. Ein Reichtum,

der beim Blick auf die prächtigen Fassaden der Häuser zu sehen ist.

Das Navi wird – nun wieder zurück auf deutschem Boden – ein wichtiger Begleiter. Nicht, dass die Orientierung so schwierig wäre. Aber ich will so nah wie möglich am Fluss fahren. Und das ist nicht einfach. Oder besser: praktisch unmöglich. Ich fahre an Maisfeldern und grünen Wiesen vorbei, passiere Orte mit Namen wie Hund oder Haar, gar einen Ort, wo Voglöd als Adresse geschrieben werden muss. Sprich: Diese Kilometer lassen weder mein Herz noch die Kolben der Maschine schneller schlagen.

Also versuche ich es mal bei den Nachbarn, husche hinter Braunau über den Inn zurück nach Österreich. Kurz darauf weist ein unscheinbares Schild auf einen Aussichtspunkt hin. Ich bremse, lenke die Maschine nach rechts und klappe den Ständer hinunter. Von der Anhöhe über dem Inntal präsentieren sich zwei Alpenflüsse, deren Wasser von hier aus gemeinsam in Richtung Passau und dann zum Schwarzen Meer fließt. Die Salzach – der zweite der beiden Flüsse – wird nun für mich die Leitlinie sein.

Nach einigen Kilometern mit allenfalls leichten Schlenkern weckt mich eine scharfe Rechtskurve. Es geht steil hinunter in das Flusstal. Durch das Kronendach der Bäume sind die schier endlos langen Mauern einer Burg zu sehen, darunter die Giebel altehrwürdiger Häuser. Fügt man beides zusammen, so kommt ein Ortsname heraus, der nachvollziehbar ist: Burghausen.

Längste Burganlage Europas

Ich stelle das Motorrad am Ufer ab. Vor mir plätschert geruhsam der Fluss. Am anderen Ufer schmiegen sich dicht an dicht die Häuser. Darüber, gleichsam als hätte jemand dem schnuckeligen Ort die Krone aufgesetzt: die Festung. Über einen

So nah wie hier bei Neuburg kommt man dem Fluss Inn unterwegs nur selten.

Kilometer misst sie und ist damit die längste Burganlage Europas. Ein Hauch von Mittelalter weht um die groben Steine des Gemäuers, und die lange Historie blieb auch in den Gassen und um den großen Stadtplatz erhalten., wie ich beim Spaziergang feststelle.

Noch habe ich einige Kilometer vor mir und laufe schließlich über das Pflaster zurück zu meiner Maschine. Kurz darauf passiere ich die letzten Häuser von Burghausen. Die begradigte Salzach lasse ich bald links liegen und vertraue mich kleinen Nebenstraßen an, die zum Waginger See führen. Über einem der Zwiebelkirchtürme ist das Ziel der Etappe zu erkennen. Blass und schemenhaft zwar, aber immerhin deutlich erkennbar schneidet das Zickzackband der Alpengipfel in den Dunst am Horizont.

Einfallstor in die Alpen

Ich entscheide mich wieder für die langsame Variante und lasse das Navi die kürzeste Route nach Inzell berechnen. Das Eisschnelllauf-Mekka ist das Einfallstor in die Alpen. Ich bin jedoch froh, Grip unter dem Reifen zu haben, und fahre durch eine enge Schlucht in die Berge. Trotz knurrendem Magen raste ich nicht, sondern fahre an einer Gletschermühle, einer eiszeitlichen Hinterlassenschaft, weiter nach Berchtesgaden und suche dort kurzerhand die Passage, die in Bikerkreisen einen schon fast legendären Ruf hat: das Rossfeld.

Die Vergangenheit dieser Panoramastraße ist leider braun. Schließlich

Die Vereinigung von Inn und Salzach ist nur durch ein kleines Loch im Blätterdach zu sehen.

führt sie durch eine Gegend, in der sich Hitler wohl gefühlt hat, so zum Beispiel auf dem benachbarten Obersalzberg. Die Rossfeldstraße hätte, so die Planungen im Dritten Reich, der krönende Abschluss der Deutschen Alpenstraße werden sollen. 800 Meter trennten schließlich bei Kriegsende die beiden Teilstücke, die von Oberau und Obersalzberg vorangetrieben worden waren.

Dafür musste man sich mit den Österreichern einigen – denn die Straße verläuft teilweise über deren Gebiet – und auch den Begriff der Bundesprivatstraße erfinden. Schließlich wurde die Straße vom Bund finanziert, auch wenn sie keine überörtliche Bedeutung hat. Als sämtliche Hürden überwunden waren, konnte 1955 das erste Fahrzeug über die neue Straße fahren.

Man könnte dafür schon dankbar sein, denn der Blick durch das Visier des Motorradhelms ist wahrlich prächtig. Nach einigen Kilometern durch den dichten Bergwald kreuze ich nun die Almen, blicke auf die umliegenden Gipfel und Felswände. Unter mir liegt versteckt das Salzach-Tal, vor mir umspielen ein paar Wolken die grauen Wände des Hohen Gölls, ziehen über den Gipfelgrat, um sich schließlich im blauen Himmel aufzulösen. Ramsau, mein abendliches Ziel, ist nur noch ein paar schöne Kilometer entfernt.

Sonne sorgt für klare Sicht

Die Berge? Welche Berge? Der Blick vom Balkon meines Hotels in Ramsau bleibt im dichten Nebel stecken und reicht gerade einmal bis hinunter zu meinem Motorrad auf dem Parkplatz. Die Szenerie ändert sich nach einem ausgiebigen Frühstück zum Glück. Als etwas später die beiden

Das malerische Burghausen mit seiner imposanten Burganlage.

Fahrerischer Höhepunkt sind die Kurven der Rossfeld-Panoramastraße (oben). Am Königssee lohnt eine Bootsfahrt (unten).

Koffer einrasten, beleuchtet die Sonne bereits die Gipfel der Berchtesgadener Alpen und ist auf bestem Wege, auch in den Tälern für klare Sicht zu sorgen.

Auf die Frage, was man hier noch unbedingt anschauen sollte, hatte der freundliche Herr an der Rezeption den Hintersee empfohlen. Das Gewässer gleich am Eingang zum Nationalpark Berchtesgaden, das sollte ich mir nicht entgehen lassen, so sein Rat.

Eingang zum Nationalpark

Also schwinge ich mich auf die Maschine. Die Kirchturmuhr schlägt gerade neun Mal, als ich durch den Ort gleite und den Wegweisern zum See folge. Kurz darauf sehe ich bereits das Grün des Sees zwischen den Bäumen des Zauberwaldes hindurchschimmern. Noch eine Kurve und ich bin am Ufer. Nur ein paar hundert Meter weiter ist der Eingang zum Nationalpark Berchtesgaden. Auf dem Plan steht nun für mich ein See jenseits der Gipfel von Hochkalter und Watzmann: der Königssee, den ich nach einem Stopp an der Kirche von Ramsau erreiche.

Welch Kontrast zum ruhigen Hintersee. Der riesige Parkplatz ist bereits gut gefüllt. Man kann zu diesem Rummel stehen wie man will – der Faszination des Königssees wird man unweigerlich erliegen!

Baden oder nicht?

Der Verlockung eines kräftigen Käsebrotes („Obazda", eine Mischung aus Camembert und Frischkäse) kann ich mich nicht erwehren, bevor die Maschine aus dem Parkplatz wieder heraus bugsiere. An Bischofswiesen und grünen Almen vorbei zuckele ich gemächlich nach Norden. Ich nehme die L 2101 und stoße hinter Bad Reichenhall auf den dritten See dieses Tages. Die Temperatur ist schon ein ganzes Stück über die 20-Grad-Marke geklettert. Reicht es für ein kurzes Bad? Ich tippe mit dem Zeh ins Wasser des Thumsees, ziehe ihn aber schnell wieder zurück. Frisch, zu frisch.

Ich bleibe auf der B 305, durchquere in einem tief eingeschnittenen Tal die nördlichen Ausläufer der Alpen und biege vor Inzell nach Westen ab. Die Alpenstraße, wie sie auch genannt wird, führt nun mit leichten Schlenkern nach Ruhpolding und dann weiter nach Reit im Winkl. Vor dem Heimatort der Volksmusik-Sängerinnen Maria und Margot Hellwig und der Skifahrerin Rosi Mittermaier stoppe ich noch am Gewässer-Trio Weit-, Mitter- und Lödensee, um die die Straße in weiten Bögen herumführt. Reit im Winkl lebt zu drei Vierteln vom Fremdenverkehr, und so habe ich auch keine Probleme, eine nette Wirtschaft in der Nähe der Kirche für eine Stärkung zu finden.

Der Wirt empfiehlt „Knödel mit Pilzrahmsauce" und erntet von mir keinen Widerspruch. Ich nippe an meinem – natürlich alkoholfreien – Bier und betrachte amüsiert die Szenerie. Der Ort ist voll, gestopft voll an diesem Tag. Das Durchschnittsalter dürfte an der Rentengrenze kratzen, wenngleich eine Gruppe bunt bekleideter Mountainbiker forsch die Hauptstraße entlang radelt und die-

Die schmucke Kirche von Bischofswiesen.

Eine tolle Strecke mit tollen Ausblicken: Das Sudelfeld ist bei Bikern beliebt.

sen Schnitt senkt. Ist doch schön, wenn Vorurteile auch einmal bestätigt werden. Gleichwohl, Reit im Winkl ist ein netter Bilderbuch-Ort, in dem es auch leckere Knödel gibt.

Die Österreicher drängen bei Reit im Winkl mit ihrer Grenze ein ganzes Stück nach Norden. So beschließe ich, dem Nachbarland einen Besuch abzustatten. Die Straße 172 führt zuerst durch eine enge Gebirgsschlucht und dann an Kössen vorbei durch ein weites Hochtal. Im Westen türmen sich über den Bergen die Wolken auf.

TOUREN-TIPP

Auf einer Anhöhe bei Burghausen thront die prächtige **Wallfahrtskirche Marienberg**, die Kunstinteressierte begeistert. Sie gilt auch wegen ihrer charakteristischen „Zwei-Turm-Fassade“ als Rokoko-Perle des Salzachtals.

GPS 48.14233, 12.7891300

Das Kufsteinlied im Ohr

Ich stoppe am Walchsee und krame den Regenkombi heraus. Die Dusche kann schneller kommen, als einem lieb ist. Noch aber bleibt es nur bei der Drohung. Zwar grummelt es über den Gipfeln und das Schilfgras am Seeufer wiegt sich in den Windböen, doch es ist trocken. Die Sonne, die noch durch einige Löcher in der dunklen Wolkenfront scheint, sendet brennend heiße Strahlen aus.

Die ohnehin schon saftig grünen Wiesen rund um den See leuchten vor dem Hintergrund der dunklen Gewitterwolken noch kräftiger. Doch ich habe Glück. Auf meinem Weg nach Westen in Richtung Inntal prasseln nur wenige, dafür aber fette Tropfen herab. Im Kaisergebirge zu meiner Linken dürfte es nun so richtig feucht und wenig fröhlich zugehen …

Das gerade zur Örtlichkeit passende Kufsteinlied unter dem Helm brummend fahre ich durch den Ort Ebbs hinunter in das dicht besiedelte Inntal – und verlasse es auch schnell wieder. Freudig schieben die 85 Pferdestärken der BMW die Maschine durch die Kehren auf den Thierberg, um sich dann bei der Abfahrt hinunter zum Thiersee erholen zu können.

Nun gibt es kein Zögern mehr. Schnell sind die Motorradklamotten gegen eine simple Badehose vertauscht, ein kurzes Abkühlen und ich kraule durch das saubere Wasser des Sees. Und das inmitten einer großartigen Alpenkulisse! Die nahe Wiese eignet sich hervorragend für ein kurzes Nickerchen. Ein schneller Kaffee weckt anschließend die Lebensgeister und die Lust auf neue Kurven.

An kleinen Gehöften vorbei fahre ich auf einer weitgehend geraden Straße durch das Schmiedtal. Doch urplötzlich tut sich in den bewaldeten Berghängen rechts der Straße eine eine einladende Lücke auf. Durch ein enges Tal, das den passenden Namen Ursprung trägt, führt die Straße nun geradewegs nach Norden und damit auch wieder zurück nach Deutschland.

Bikers dream: das Sudelfeld

Nach wenigen Kilometern erreiche ich Bayrischzell – einen Ort, der trotz seiner Abgeschiedenheit eine lange Geschichte hat. Oder vielleicht gerade deswegen, denn vor bald 1000 Jahren wurde hier eine Eremitenklause mit einer kleinen Kapelle gegründet. Daher stammt auch der Name – „Zell". Beschützt wird der hübsche Ort vom Wendelstein, dessen markanter felsiger Gipfel aus dem grünen Bergwald herausragt. 1000 Höhenmeter sind es hinauf bis auf seinen Gipfel, der neben allerlei technischem Gerät auch eine Wetterwarte und eine Sternwarte auf sein Haupt gesetzt bekommen hat.

Man könnte nun ganz gemütlich über Fischbachau weiter nach Bad Aibling fahren, wo ein gemütliches

Nebel und Morgensonne tauchen den Hintersee bei Ramsau in ein mystisches Licht.

Hotelbett wartet. Dann aber wäre man als Motorradfahrer schlicht und einfach selbst schuld. Denn Bayrischzell ist auch der Ausgangspunkt für die Straße über das Sudelfeld, die bei Gasgriffdrehern diesen ganz speziellen Glanz in den Augen aufkommen lässt.

TOUREN-STECKBRIEF

STRECKENLÄNGE 397 Kilometer

ROADBOOK Passau, Neuburg, Neuhaus am Inn, Schärding, Bad Füssing, Braunau, Burghausen, Inzell, Berchtesgaden, Rossfeldstraße, Ramsau, Bischofswiesen, Bad Reichenhall, Ruhpolding, Reit im Winkl, Kössen, Ebbs, Kufstein, Bayrischzell, Brannenburg, Bad Aibling

CHARAKTERISTIK Diese Tour stellt keine hohen Ansprüche an das Fahrkönnen. Wo immer möglich sollte man die Hauptstraßen verlassen und sich auf den kleinen Landstraßen treiben lassen.

ATTRAKTIONEN Einige schöne Städtchen liegen auf dieser Route. In Passau und Burghausen kann man getrost längere Zeit verbringen und einen Übernachtungsstopp einlegen. Das Berchtesgadener Land selbst ist an sich schon eine Reise wert – nicht nur zum Motorrad fahren. Fahrerische Highlights sind sicher die **Rossfeld Panoramastraße** (47.626529, 13.092163) sowie der **Sudelfeldpass** (47.678808, 12.035548).

UNTERKUNFT Äußerst angenehm nach einem Tag im Sattel ist es, wenn die Unterkunft nicht nur ein Bett, sondern auch Wellness mit Pool und Sauna sowie leckeres Essen bietet. All dies bietet das **Berghotel Rehlegg** in Ramsau, das sehr zu empfehlen ist. Die bayerischen Wildgerichte sind der Hit.

hotel-rehlegg.de

In einer langgezogenen Linkskurve führt die Straße nach oben. Schnell bleiben die Häuser von Bayrischzell zurück. Zwei 180-Grad-Kurven und Almen ersetzen nun den Bergwald, der Blick schweift frei über das Mangfallgebirge und geht bis hinüber an die Grenze zu Österreich. Die Passhöhe des Sudelfelds ist mit 1123 Metern Höhe an sich nicht sonderlich erwähnenswert. Doch sie wird gleichsam gekrönt von einer traumhaften Linkskurve, die an diesem Abend einige Biker gleich mehrfach fahren. „Weil es so schön ist", wie sie später am Bikertreff am Sudelfeld erzählen.

Bikertreff am Sudelfeld

Für die Herren ist die Fahrt aus dem nahen Rosenheim hier hinauf schon fast zum abendlichen Routineprogramm geworden, zumindest bei schönem Wetter. „In den vergangenen Wochen waren wir bestimmt ein Dutzend Mal hier oben", erzählt der Schwarzbelederte.

Für mich geht es jetzt auf mehreren Kehren nur noch bergab nach Brannenburg. Statt durch das Gebirge fahre ich nun durch ein ungewohntes Moorgebiet. Die Sonne steht nur noch knapp über dem Horizont und schickt ihre goldenen Strahlen durch das Visier. Später wird noch ein wenig Nebel die Niederungen von Bad Aibling verhüllen. Der Tag endet, wie er begonnen hat. ◂

Deggendorf
St 2125
B 8
Mallersdorf-Pfaffenberg
Röhrnbach
Landau an der Isar
Hofkirchen
B 12
Dingolfing
Vilshofen an der Donau
Simbach
Passau
Landshut
Bad Griesbach im Rottal
Schärding
Moosburg an der Isar
B 388
B12
Bad Füssing
Taufkirchen (Vils)
ding
A 94
A 94
Braunau am Inn
B143
B 20
B142
Altheim
Mühldorf am Inn
Waldkraiburg
Neuhaus
Burghausen
Wasserburg am Inn
Tittmoning
B147
Grafing bei München
Fridolfing
Taching am See
St 2103
Mattsee
B154
Bad Aibling
Traunstein
Surberg
Thalgau
A1
Rosenheim
Prien
Salzburg
B151
Bad Feilnbach
B 305
Bad Reichenhall
Strobl
B175
Hallein
Kössen
Berchtesgaden
Strub
B166
Schmiedtal
Kufstein
Lofer
B159
Abtenau
Wörgl
B311
Hopfgarten im Brixental
Altenmarkt im Pongau
0 5 10 km
B163
Sankt Johann im Pongau

Einsame Kurvenstraßen sind im Allgäu noch häufig zu finden.

Schönes Wochenende!

Wie ein Bollwerk erheben sich die Allgäuer Gipfel aus dem Alpenvorland. Spektakuläre Pässe sind eher selten, dafür überzeugt die Region mit einsamen Straßen, auf denen Motorradfahrer die frische Bergluft spüren.

Wie lieblich der Bodensee daliegt, wie er sich anschmiegt an das Schweizer Ufer und die Appenzeller Alpen, auf deren Gipfeln noch der Schnee liegt. Doch dieser Alpenabschnitt ist nicht das, was nun auf meinem Tourenplan steht. Ich will in Deutschland bleiben, allenfalls mal einen Abstecher zu den österreichischen Nachbarn machen. Das Allgäu, schnell über die Autobahn von Ulm her zu erreichen, ist mein Ziel.

Und es fängt gleich gut an. Kurz hinter Sigmarszell führt die Straße schnurgerade nach oben, windet sich dann hinter Niederstaufen durch den Wald hinauf. Es ist eigentlich kein Pass – und trotzdem die einzige richtige Serpentinenstrecke des Allgäus. Die muss es einem Biker-Kollegen angetan haben. Denn bei einer Pause in einer der Kurven jagt dieser seine Bandit dreimal an mir vorbei, die Füße fast auf dem Asphalt. Er scheint diese zehn Schlenker zu kennen, die von 500 Metern auf gut 700 Meter Meereshöhe führen – auf eine Anhöhe, einen Balkon, der einen grandiosen Blick auf die Nagelfluhkette, die Allgäuer Alpen erlaubt.

Ich bleibe auf der B 308, die den schönen Namen Deutsche Alpenstraße trägt. Fahre an Oberreute vorbei und lenke die Suzuki über die Allgäuer Kuhweiden – oder besser die Straßen, die in sanften Schwüngen an diesen vorbeiführen. Dann die 180-Grad-Wende bei Berg und

Kurvenschwingen ist auf der Alpenstraße bei Lindenberg angesagt.

vor mir breiten sich wieder die Gipfel aus. Balderschwang ist mein Ziel. Und die Strecke dorthin schaue ich mir auf dem Rastplatz noch einmal auf der Karte an. In Oberstaufen rechts ab, dann über Hittisau nach Balderschwang. Genau so schlägt es auch das Navigerät vor.

Mit einem kraftvollen Sound startet das Aggregat unter mir, ein bedachter Dreh am Gasgriff und ich fädele mich in die Autoschlange hinter einem Lkw ein. Ich blicke erneut auf die Berge – und versäume den Abzweig nach Süden. Also rumdrehen und dann die Abfahrt hinunter nach Weißach nehmen.

Spritsparer

Seit etlichen Kilometern leuchtet die Tankanzeige. „Nur noch ein paar Kilometer" denke ich mir, denn dann kommt die Grenze nach Österreich – und dahinter die Tankstelle mit dem günstigeren Sprit. Es dämmert bereits, als ich am Ortsschild von Hittisau vorbeifahre und dort nach links in Richtung Balderschwang abbiege. Noch ein paar Kilometer durch die hereinbrechende Nacht und ich stelle die Maschine in der Tiefgarage meines Hotels ab.

Karl Traubel begrüßt mich an der Rezeption. „Du willst sicher erst einmal duschen, danach gebe ich dir beim Abendessen ein paar Tipps für Routen in der Gegend", schlägt der Chef des „Hubertus Mountain Refugio Allgäu" vor. Der Plan klingt gut nach ein paar Stunden auf dem Motorradsattel.

Ein altes Bauernhaus bei Hittisau zeigt noch typisch Allgäuer Baustil.

Bei einem Bier treffen wir uns später in der Lobby, die mit einer ungewöhnlichen Gestaltung die Blicke auf sich zieht. Die Wände sind weiß gekalkt, das Licht der Lampen wird von darüber gespannten Kuhfellen gedämpft und die Hocker sind ebenfalls mit Fellen überspannt. „Viele der Ideen haben wir entwickelt und sie dann zusammen mit einem Architekten umgesetzt", schildert Karl den

Werdegang des renovierten und neu wiedereröffneten Hotels, in dem auch die Handschrift seiner Frau Christa zu erkennen ist. „Wir haben Elemente aus Europa und Asien vereinigt", sagt die Ayurveda-Anhängerin.

Trotz des exklusiven Ambientes liebt es Karl bodenständig. „Wir haben jahrelang eine Berghütte betrieben" erzählt er. Die lockere Atmosphäre und das heimelige Interieur hat er mit ins Tal nach Balderschwang genommen, er selbst ist – wie auf der Berghütte – immer präsent. „Gastfreundschaft ist uns wichtig" erzählt Karl und betont dabei vor allem das Wort Freundschaft.

Für den kommenden Tag empfiehlt er mir eine Tour in den Bregenzer Wald und dann via Alpsee zurück ins Allgäu. „Sehr abwechslungsreich und mit vielen kleinen Straßen", sagt Karl, der selbst gerne mit seiner 1200er-BMW unterwegs ist – „wenn ich die Zeit finde", wie er nach einem leckeren Hirschragout sagt.

Liebliches Tal

Zeit habe ich am heutigen Tag genug. Beim späten Frühstück laufen ein paar Regentropfen an den Fensterscheiben des Hotels herunter, dann beginnen Sonne und Wolken ihr Wechselspiel. „Nur ein paar Schauer sind angekündigt", gibt Karl beim Abschied den Wetterbericht wieder.

Das Gepäck bleibt heute im Hotel, nur die Regenklamotten, Getränke

Der Grünten erhebt sich als felsiges Bollwerk vor dem Allgäuer Hauptkamm.

und eine Not-Schokolade landen im Topcase. Willig springt die Suzuki an. Schnell habe mich an diese ungemein angenehme Maschine gewöhnt, die ohne großen Schnickschnack, dafür aber mit tollen Fahreigenschaften und einem schon im Drehzahlkeller kraftvollen, gut abgestimmten Motor sowohl auf der Autobahn als auch auf Landstraßen sich ihren Weg bahnt und jede Kurve nimmt.

Die maximal 98 Pferde, die der Maschine Beine machen sollen, brauche ich hier noch nicht. Gemütlich ziehe ich meine Bahn durch das Balderschwanger Tal und folge dem Lauf der Bolgenach hinunter nach Österreich. Rund 1 500 Meter sind die Berge um mich hoch, typische, mit Almen und Wald verkleidete Hänge und alles andere als schroffe, felsbewehrte Gipfel bilden die Kulisse für die Kühe, die träge kauend über die sattgrünen Wiesen laufen.

Kurz vor Hittisau gönne ich mir noch einen Abstecher nach Sibratsgfäll, einen kleinen, gut 900 Meter hoch gelegenen Ort in Sichtweite des Allgäuer Hauptkammes. Würde man dem Bach Rubach folgen, dann käme man aus dem Talkessel heraus bei Oberstdorf in das Illertal. Aber nicht mit dem Motorrad – die Straße ist gesperrt.

Also wieder zurück nach Hittisau und dann – kurz vor der Grenze – in Richtung Nordwesten. Ein wenig

Eines von vielen Marterln am Straßenrand (links). Eine Käserei lockt in der Nähe des Alpsees mit ihren schmackhaften Produkten.

Pause mit getrübtem Blick auf den Bregenzer Wald.

durch den Bregenzerwald treiben lassen, dies hatte ich mir für diesen Vormittag vorgenommen. Nicht einer Route auf der Karte folgen oder den Anweisungen eines Navis, sondern nur der eigenen Nase. Genau das kommt in Zeiten, wo Routenführung immer einfacher wird, oft zu kurz. Zumindest war das mein Eindruck bei meinen letzten Touren.

Also verlasse ich die Hauptstraße. Springen, Hasen, Simlisgeschwend, so heißen die Siedlungen, die oft aus nicht mehr bestehen als aus einem Wohnhaus und einem großen Stall. Schmal sind die Straßen, sogar bei der Begegnung eines Motorrads mit einem Auto muss man manchmal ausweichen. Lieblich die von Wiesen geprägten Täler, ganz schön steil die Hänge, auf deren höchsten Punkten man sicherlich einen tollen Blick auf die Alpenkette haben könnte. Wenn nicht – so wie an diesem Tag, ein undurchdringlicher Wolkenschirm darüber hängen würde. Also trolle ich mich von dannen, fahre durch kleinste Dörfer auf fantastischer Strecke über das Hagspiel-Joch in Richtung Scheidegg.

Bauernschlau

Die Alpenstraße kannte ich von der gestrigen Anreise. Also eine Alternative suchen. Und die bietet sich nördlich dieser Touristenstrecke an. Mit Ketchupflecken auf dem Ärmel – Currywurst essen kann manchmal schwierig sein – lenke ich das Motorrad bei Simmerberg hin Richtung Schwäbisches Allgäu. Die Landesgrenze zwischen Bayern und Baden-Württemberg kommt den Alpen hier recht nahe. Doch ich bleibe Bayern treu, ziehe auf wenig befahrenen Landstraßen allmählich nach

Osten in Richtung Alpsee. Ein Straßenschild macht mich neugierig. „Allgäuer Bergbauernmuseum" heißt es darauf. Warum nicht ein wenig mehr über die Gegend erfahren, in der man gerade unterwegs ist? Also folge ich dem Wegweiser nach Diepholz und entgehe kurz darauf im Museum dem Regenschauer, der den Asphalt unter Wasser setzt.

Eine gute Entscheidung! Denn alles andere als trocken wird das Wissen im Museum und in dem Freigelände mit den alten Häusern vermittelt, aus denen die Bewohner scheinbar erst gestern ausgezogen sind. Milchwirtschaft als wirtschaftliche Notwendigkeit, da in dieser Höhe sonst nicht mehr viel wächst, das ist die Botschaft, die ich zum Motorrad und nach Hause mitnehme.

In einigen Kurven geht es kurz darauf hinunter von Zaunberg am Alpsee vorbei in Richtung Immenstadt. In Sonthofen gönne ich mir noch einen Kaffee (keinen mit Schuss, wie ihn mir dir Wirtin empfiehlt) und Blicke mit Sorge auf die Hörnergruppe – die Berggruppe, die das Illertal nach Westen hin abgrenzt. Die Wolken werden wieder dunkler. Und während ich wie auf einer Terrasse über dem Talgrund cruise, platschen die ersten Regentropfen gegen das Helmvisier. Schade, den Riedbergpass hatte ich mir als letztes Bonbon für diesen Tag aufge-

Eine hübsche Nebenstraße über dem Illertal bei Bolsterlang.

Nur langsam geht es auf nasser Straße über den Riedbergpass.

hoben. Doch dieses Bonbon löst sich mit jedem Meter nach Obermaiselstein und weiter hinauf in Richtung Pass im herunterprasselnden Regenschauer auf.

Statt in Schräglage nehme ich die Riedbergkurven in fast aufrechter Position. Wasser strömt mir auf der Fahrbahn entgegen, bringt Steine vom Randstreifen mit. Das Schild mit dem Hinweis auf die Passhöhe passiere ich ohne Stopp. Den muss ich aber kurz darauf an der roten Ampel einer Baustelle einlegen. Bei Grün geht es dann für einige hundert Meter auf einer Kies- und Lehmpiste weiter. Motorrad und Fahrer sehen danach aus wie nach einer Etappe durch das Dschungelcamp.

TOUREN-TIPP

Das **Allgäuer Bergbauernmuseum** am Hang des 1200 Meter hohen Hauchenbergs über das Leben der Bauern im Allgäu. Ideal für einen Nachmittag ohne Kurvenraub. **bergbauernmuseum.de**

Sauna für den Dreckspatz

Platschnass erreiche ich kurz darauf die angenehm trockene Hotelgarage. Hatte mir Karl nicht von einer Sauna erzählt? Genau diese versöhnt mich wieder mit den letzten Kilometern dieser trotz allem schönen Tour durch das Westallgäu. Zwei Stunden später sitze ich mit Karl bei einem

Glas Wein, schildere ihm meine Tour. Und die hatte durch seine – zumindest emotionale – Heimat geführt. „Balderschwang gehört für mich eher zum Bregenzer Wald als zum Allgäu“ erzählt er. Das liege nicht nur am Riedbergpass, der das Tal von Oberstdorf abtrenne. „Leute hier im Ort sind einfach anders, offener, vielleicht auch freundlicher als jenseits des Passes“, begründet er das nach kurzem Nachdenken.

Dennoch habe ich mir diese Klippe für den morgigen Tag vorgenommen, das östliche Allgäu als Ziel ausgeguckt. „Morgen wird es schön“, gibt mir Karl beim Weg in mein Zimmer noch mit auf den Weg. Das hätte nicht nur der Wetterbericht gemeldet, sondern er spüre das auch. Im Gespräch erinnert er sich an Sepp Kienle, den ältesten Wettermelder Deutschlands, der 2013 im hohen Alter von 90 Jahren verstorben ist, zuvor aber in seinem Haus hinter dem Hotel lebte und mehr als 40 Jahren über Temperatur und Schneehöhen berichtete. Vielleicht stammt auch der Spruch von ihm, den Karl nicht ganz ernst gemeint noch zum Besten gibt: „In Balderschwang ist es acht Monate Winter und vier Monate kalt“.

Das gilt auch für den nächsten Morgen. Nebel liegt über dem Tal,

Das Panorama vom Oberjochpass ist fantastisch.

der Blick reicht gerade einmal bis zum nächsten Haus. „Das wird", ist Karl beim Frühstück optimistisch. Und er behält recht. Bald kämpft sich die Sonne durch das Grau. Als ich die Motorradkoffer anhänge, dampft die Nässe bereits vom Asphalt.

TOUREN-STECKBRIEF

STRECKENLÄNGE 269 Kilometer

ROADBOOK Lindau, Sigmarszell, Scheidegg, Oberreutte, Oberstaufen, Hittisau, Sibratsgfäll, Hittisau, Scheidegg, Simmerberg, Ebratshofen, Diepolz, Zalmberg, Immenstadt, Rieden, Obermaiselstein, Balderschwang, Fischen, Sonthofen, Riedbergpass, Bad Hindelang, Oberjochpass, Pfronten.

CHARAKTERISTIK Östlich des Bodensees steigen die Ausläufer der Allgäuer Alpen in beachtliche Höhen. Die letzten Berge Deutschlands und die ersten Gipfel Österreichs bescheren eine abwechslungsreiche Landschaft mit anspruchsvollen Strecken. Ein Teil der Tour führt auf der Deutschen Alpenstraße, einer 450 Kilometer Panoramastraße zwischen Bodensee und Königssee.

ATTRAKTIONEN Köstlichen Käse gibt es auf der **Sennalpe Thalhofer Berg** (47.617560, 10.10556). Kurvenspaß wird auf dem **Riedbergpass** (47.43712, 10.17701) sowie auf dem **Oberjochpass** (47.52419, 10.43901) geboten.

UNTERKUNFT Ein tolles Hotel mit außergewöhnlichem Ambiente und lockerer Atmosphäre ist das **HUBERTUS Mountain Refugio Allgäu**. Karl Traubel fährt selbst Motorrad und kennt die besten Strecken in der näheren und weiteren Umgebung. Manchmal geht er auch selbst mit auf Tour. **hotel-hubertus.de**

Der Riedbergpass, die ganze Landschaft präsentiert sich in einem ganz neuen Licht. Nur über dem Allgäuer Hauptkamm mit Gipfeln wie der Mädelegabel oder der Trettachspitze hängen noch Wolken. Dafür glänzt das Illertal in satten Farben, wie es sie nur nach einem reinigenden Regen gibt. Ich überquere den Fluss, rolle mit gemütlichem Tempo zwischen Wiesen mit braunen Kühen in Richtung Hindelang. Vor mir baut sich eine Bergwand auf, über die es kaum einen Weg zu geben scheint.

Enge Kehren am Oberjoch

Klar, der Blick auf die Karte offenbart den Oberjochpass. Und den ist man als Alpentourer schon einige Male gefahren. Doch die Fahrt vom grünen Talgrund hinauf in das auf gut 1100 Meter Höhe gelegene Tannheimer Tal ist immer wieder ein Erlebnis. Nicht nur wegen der fantastischen Streckenführung mit ihren engen Kehren, sondern auch wegen der atemberaubenden Aussicht von der Passhöhe aus.

Am Haldensee wird es Zeit für die Mittagspause. Ich werfe mir eine Brezel ein, blicke auf die Karte und beschließe, die Runde durch das Allgäu mit einem Besuch in Pfronten abzuschließen. Nach einem Kaffee und einem Eisbecher geht es wieder zurück auf die Autobahn in Richtung Ulm, in Richtung Heimat. ◂

Winterstetten
Kempten (Allgäu)
Oberthingau
Amtzell
Rohrdorf
Lengenwang
Isny im Allgäu
Bodelsberg
Wangen im Allgäu
B 12
Sulzberg
A 96
Hergatz
Weitnau
A 7
Ebratshofen
Achberg
Lindenberg im Allgäu
Sigmarzell
Missen
B 310
Pfronten
Scheidegg
Ösch
A 96
Oberreute
Immenstadt i.Allgäu
Steinach
Oberstaufen
Burgberg
Unterjoch
Vils
Lindau (Bodensee)
Sonthofen
B 308
Au
Staig
Grän
Fußach
Bregenz
Tiefenberg
Bad Hindelang
Tannheim
Krumbach
Balderschwang
A1
Hittsau
Fischen im Allgäu
Obermaiselstein
Lustenau
Großdorf
Sibratsgfäll
L203
L204
Dornbirn
Schwarzenberg
Oberstdorf
B198
A13
L200
L201
Stanzach
Götzis
Mellau
Elmen
Au
Rehmen
L193
Mittelberg
Häselgehr
0 2.5 5 7.5 km

Völlig abgefahren

Über rund 450 Kilometer führt die Deutsche Alpenstraße von Berchtesgaden nach Lindau. Das sind nicht nur viele Kilometer Motorrad-Fahrspaß, sondern auch reichlich Impressionen – wenn man sich ein wenig Zeit dafür nimmt ...

Die Morgensonne löst die Wolken in den Chiemgauer Alpen bei Oberwössen auf.

Jodeln möchte man, vor Freude jubeln. Die Kurven der Rossfeldstraße sind einfach gut zu nehmen. Und wenn dann das Wetter dazu passt, dann ist das ein einzigartiger Fahrspaß vor der Alpenkulisse. Doch ich kann nicht jodeln, außerdem würden die Touristen auf dem Parkplatz sicher ein wenig befremdet gucken.

Also lasse ich's, jodele allenfalls in Gedanken und blicke auf die Felsgipfel der Berchtesgadener Alpen. Da sind der Kehlstein, auf dem sich der „größte Führer aller Zeiten" – der in Wahrheit der gefährlichste Irre aller Zeiten war, ein Haus hat bauen lassen. Da ist die abweisende Felsmauer des mehr als 2 500 Meter erreichenden Hohen Göll. Schemenhaft der Dachstein. Und das Salzachtal mit seinen steilen Felsfluchten.

Man kommt ins Gespräch

Die Panoramastraße ist bei diesem Wetter ein kilometerlanges Biker-Treffen, bei dem man auf Parkplätzen schnell ins Gespräch kommt. Alle hatte die Rossfeldstraße angezogen, die auf mehr als 15 Kilometern unvergleichliche Ein- und Ausblicke in die Hochgebirgslandschaft der Alpen bietet – und das ohne jegliche Anstrengung. Es sei denn, man betrachtet die 1 100 Meter Höhenunterschied mit zahllosen Kurven als sportliche Herausforderung. Aber dazu ist sie eigentlich zu schade.

Am Hintersee in der Ramsau lohnt der Wechsel von Motorrad- zu Wanderstiefeln.

Für den Nachmittag hatte ich mich mit Isabel vom Tourismusverband Berchtesgadener Land verabredet. Der Plan: Die Landschaft nicht nur auf der Straße, sondern auch auf einem Wanderweg erkunden. „Lass uns zur Halsalm laufen" schlägt sie vor. Also raus aus den Motorradstiefeln und hinein in die leichten Wanderschuhe und ab auf den Berg. Auf einem schmalen, aber gut begehbaren Steig geht es aus der Ramsau hinauf. Dort, wo der Bergwald eine Lücke hat, blicken wir auf den Hintersee.

Unter Frühaufstehern

Dann begrüßt uns Maria, die den Sommer über als Sennerin auf der Halsalm lebt und arbeitet, belegt Brote mit Käse, gießt Milch in Gläser. Sie ist für sieben Kühe, vier Jungviecher und drei Kälber verantwortlich. Und das heißt: 4.30 Uhr aufstehen, Kühe melken, Stall saubermachen, die Tiere rauslassen auf die Alm, Käse machen. Erst dann selbst frühstücken. „Acht Uhr wird es meist schon, bis ich etwas zu Essen bekomme", erzählt sie über ihre ganz spezielle Art der Almromantik. Dabei genießt die lebenslustige gelernte Arzthelferin auch die Einsamkeit am Abend, wenn die letzten Wanderer ins Tal abgestiegen sind.

Mittlerweile hat sich über den Gipfeln des Nationalparks Berchtesgaden etwas zusammengebraut. Der sonnige, aber schwülwarme Tag wird

In den Sommermonaten lebt die Sennerin auf der Halsalm.

von Regenwolken abgelöst. Vorsichtig steigen wir wieder abwärts, machen uns auf den Weg an den Königssee. Denn das hatte ich mir zum Abschluss dieses Tages gewünscht: eine Schifffahrt nach St. Bartholomä.

„Suachst was", fragt mich ein Mann, als ich später in Schönau vergeblich nach meinem Hotel suche. Er weiß Rat, gibt mir den entscheidenden Tipp, so dass ich kurz darauf das Motorrad in der Garage vom Hanauerlehen abstelle und mich auf ein Abendessen freue. Die Sauna schenke ich mir, lasse mir stattdessen von den bikenden Hotelbetreibern ein paar Tourentipps geben. Die Rossfeldstraße legen sie mir ans Herz. Aber die kenne ich ja bereits. Für den morgigen Tag machen sie mir Hoffnung auf nasse Klamotten. „Es soll regnen", sagen sie unisono.

Was tun? Im Prospekt des Fremdenverkehrsamtes hatte ich über das Salzbergwerk gelesen. Also hoffe ich

Immer eine Bootsfahrt wert: St. Bartholomä am Königssee.

auf die angekündigte Wetterbesserung, verschiebe die Weiterfahrt mit auf den Nachmittag und rumpele stattdessen wesentlich gemächlicher mit einem Zug in das Salzbergwerk hinein. Über eine Rutsche geht es weiter hinunter zum „weißen Gold", das der ganzen Region seit Jahrhunderten Reichtum bringt.

Salzsee mitten im Berg

„Rund 100 Meter Gebirge sind jetzt über uns" verrät der Führer und schreitet durch die Gänge. Salz wird hier nicht abgebaut, sondern mit Wasser ausgelaugt und in Leitungen abtransportiert. „In jedem der Spülräume werden im Laufe von 30 Jahren rund 330 000 Tonnen Salz gewonnen", hat er eine imposante Zahl parat und öffnet den Zugang zu einem Floß. Begleitet von Lichteffekten geht es über einen Salzsee mitten im Berg wieder zurück zur Bahn und ans Tageslicht – das weiterhin von grauen Wolken getrübt wird.

Ich gönne mir daher noch einen Besuch im Heimatmuseum und lasse mir etwas über die „Berchtesgadner War" erzählen. „Für die Bauern war es schwierig, dem kargen Boden den Lebensunterhalt abzuringen" erzählt die Mitarbeiterin des Museums und zeigt auf einige Holzschachteln, in denen alles Mögliche aufbewahrt werden konnte. Damit habe man sich zusätzlich etwas verdient. Später wurden die ursprünglich schmucklosen Kästchen bemalt. Blumenmotive waren sehr beliebt. Unter die Leute gebracht wurden die Gegenstände durch Hausierer wie den 1705 geborenen Anton Adner, der angeblich 117 Jahre alt wurde.

Draußen prasselt der Regen weiter auf den Asphalt. Es hilft nichts, das nächste Hotel ist gebucht und befindet sich in Oberaudorf im Inntal. So pflügen die Pneus durch den Wasserfilm auf der Straße. Schneizlreuth, Ruhpolding: Das lese ich auf den Ortsschildern, sehen kann ich nicht viel. Dabei kommt jetzt eine meiner Lieblingsstrecken von der Biathlonhochburg Ruhpolding hinüber nach Reit im Winkl durch unbewohntes Tal mitten in den Chiemgauer Alpen, an dem die bewaldeten Hänge in felsige Gipfelaufbauten übergehen.

Doch daraus wird nichts. Kurz hinter dem Forchensee kommen mir Autos mit Lichthupe entgegen. Der Grund für die Warnung rauscht wenige hundert Meter später von links heran, schießt über die Straße und verliert sich im Wald unterhalb der Straße: ein Wildbach, der die Straße flutet. Was tun? Ein mutiger Autofahrer wagt sich in den Bach, das Wasser steht bis zur Unterkante der Türen. Meine Entscheidung ist klar. Umdrehen. Zu groß wäre die Gefahr, vom Wasser weggedrückt zu werden oder auf versteckten Geröllen zu Boden zu gehen.

Richtung Westen

Mit jedem Kilometer, den mich mein Motorrad nach Westen bringt, wird der Regen weniger. Am Chiemsee ist der Asphalt bereits trocken. „Morgen wird es wieder schön", macht mir die Besitzerin des Hotels in Oberaudorf Hoffnung. Und meine vor Nässe triefenden Klamotten sollte ich im Heizungskeller auch trocknen können. >

Ein Abstecher nach Gstadt führt an den Chiemsee.

Sie sollte recht behalten. Beim Frühstück trifft ein erster Sonnenstrahl mein Croissant. Eine Stunde später kann ich am Walchsee ein Sonnenbad nehmen. Für die Fahrt zum Chiemsee hatte ich mich für den Schlenker durch Österreich entschieden, der mich an dem Bergsee bis nach Reit im Winkl und dann hinunter nach Grassau führen sollte.

Lange Transportwege

Dort kommt es im Moor- und Salzmuseum zu einer erneuten Begegnung mit dem „weißen Gold" der Alpen. Die Sole wurde über viele Kilometer von Berchtesgaden in das Vorland gepumpt, wo man in Städten wie Rosenheim das Wasser erhitzte und so das Salz zum Auskristallisieren brachte. „Das war eine Strecke von 110 Kilometern", sagt Bernt, der in dem rund um ein Pumpwerk gebauten Museum die Salzgewinnung und den Transport erläutert.

„24 000 Baumstämme wurden für diese Rohrleitungen durch die Landschaft verlegt", ergänzt er und hat noch ein Kuriosum parat. „Aufgrund der Salinenkonvention aus dem Jahr 1829 dürfen die Bayern im österreichischen Salzachtal Bäume abholzen" erzählt er. Das sei der älteste noch bestehende Vertrag in ganz Europa.

Weiter geht es zum Westufer des Chiemsees. Hier wechsele ich Gefährt und Untergrund: fahre mit dem Schiff hinüber zur Insel Frauenchiemsee. Es ist nicht weit, nur ein paar Minuten auf dem weißen Dampfer, dann finde ich mich in einer komplett anderen Welt wieder, die seit mehr als 1200 Jahren von der Kirche geprägt wird. Benediktinerinnen waren es, die auf der Insel lebten, deren Stimmen von den Wänden in den Hallen und Sälen des mächtigen Klostergebäudes widerhallten. Es duftet in den Gärten nach Blumen und in den Restaurants der Insel nach Fisch. Denn das ist der klare kulinarische Favorit bei den Besuchern, dem ich mich anschließe. Bis zu meinem Tagesziel Bad Tölz sind es noch ein paar Kilometer.

Und die fahre ich jetzt erneut auf der Deutschen Alpenstraße, ziehe den Samerberg hinauf, schwinge auf der anderen Seite wieder hinunter in

Das Abbild eines alten Händlers im Heimatmuseum von Oberaudorf.

In Berchtesgaden wird Salzsole aus dem Berg gefördert.

das Inntal, um hinter Brannenburg im dichten Bergwald zu verschwinden. An einer Mautstelle werde ich ein wenig ärmer, folge dann der schmalen Straße in Richtung Tatzelwurm. Hier im Wald ist die Straße noch feucht, liegen Blätter und kleine Zweige auf der Straße. Also langsam. Passt ohnehin zu der schönen Umgebung.

Schöne Serpentinenpassage

Am Tatzelwurm ändert sich dann der Charakter der Strecke. Nicht mehr durch den dichten Wald, sondern über Almwiesen geht es nun – und das in einigen Serpentinen. In dieser Passage macht die Alpenstraße ihrem Namen alle Ehre. Nicht umsonst lädt auf halber Strecke nach Bayrischzell auf dem Sudelfeld eine Bikerkneipe zu einer Pause ein. Nach einem schnellen Kaffee geht es weiter, hinunter zum Ursprungtal und dann zum Schliersee. Den Abstecher zum Spitzingsee schenke ich mir, da über den Gipfeln rund um die Aiplspitz dichte Wolken hängen.

Die Aussicht auf das Alpengewässer ist famos, die Fahrt daran vorbei weniger. Fahrspaß kommt erst wieder auf der Strecke nach Gmund am Tegernsee auf – und erst recht auf den schmalen Asphaltbändern in Richtung Kirchsee. Der Moorsee ist ein beliebter Badesee. Weiter geht es zum nahen Kloster Reutberg. Hier gibt es nicht nur hervorragendes Bier (von dem ich mir eine Flasche mitnehme), sondern auch leckeres Essen. Und bis zu meinem Domizil in Bad Tölz ist es nur noch ein Katzensprung.

Am nächsten Morgen nehme ich mir etwas Zeit, um den Ort an der Isar zu erkunden. Über die ansteigende Hauptstraße fuhren einst Autos, heute ist das Kopfsteinpflaster den Fußgängern vorbehalten. Typisch bayrisch die schön verzierten Häu-

An der hübschen Altstadt von Bad Tölz.

ser, über denen die Kirche auf dem Kalvarienberg wacht. Früher lebte die Region von der Holzwirtschaft, die Stämme wurden die Isar hinunter Richtung München geflößt.

„Die meisten historischen Gebäude dort sind mit Holz und Kalk aus dem Isarwinkel errichtet", erzählt man mir im Heimatmuseum. Sogar der Dachstuhl der Münchner Frauenkirche wurde mit Holz vom Isarufer gebaut. Rund einen Tag war man auf dem Wasser in die bayrische Landeshauptstadt unterwegs, zurück ging es zu Fuß. Erst Mitte der 1940er Jahre wurden die letzten Baumstämme auf dem Wasser nach Norden transportiert. Das Ende einer Ära, die man mittlerweile wieder aufleben lassen hat. Auf der Isar werden für Touristen wieder Floßfahrten angeboten.

TOUREN-TIPP

Nicht nur wegen des Bieres ist ein Ausflug zum **Kloster Reutberg** bei Bad Tölz eine absolute Empfehlung. Auch das Essen ist hervorragend – und die Aussicht vom Biergarten auf die Alpenkette ein Augenschmaus.

klosterbraeustueberl.de

Alpine Auszeit

Ich fahre isaraufwärts, dorthin, wo die Baumstämme geschlagen und die Flöße zu Wasser gelassen worden waren. Am Sylvensteinsee stoße ich wieder auf die Deutsche Alpenstraße, nehme mir aber mit dem Abzweig nach Hinterriß und in die Eng eine alpine Auszeit. Für mich gibt es kaum eine schönere Strecke als diese Kilometer mitten hinein in das Karwendelgebirge mit seinen abweisenden Kalkwänden, die in so krassem Gegensatz zur lieblichen Wiese mit den unzähligen Ahornbäumen auf dem Ahornboden stehen.

Da können auch die Kilometer auf der Mautstraße nach Wallgau nicht ganz mithalten, auch wenn sich an deren Ende die Zugspitze zeigt. Am Walchensee vorbei presche ich die Kesselbergstraße hinunter zum Kochelsee und biege an dessen Nordufer nach links ab, überquere ein riesiges Moorgebiet und stoppe auf einer Anhöhe vor dem Freilichtmuseum Glentleiten. Hier wird das Leben der Altvorderen im Alpenraum wieder lebendig.

An einem Bach klappert eine alte Mühle, treibt das Wasserrad eine Bandsäge an. Wieder aufgebaute Almhütten zeigen, wie vor vielen Jahrzehnten in den Bergen gelebt worden ist. Und Wohnhäuser mitsamt Interieur – mal einfach, mal luxuriöser, zeigen den Alltag der Menschen, wie sie am Holzfeuer gekocht haben oder im Stall die Kühe gemolken haben.

Nach einem Kaffee schwinge ich mich wieder auf die Maschine, entferne mich noch ein Stück von den Alpengipfeln und nehme Kurs auf den Hohenpeißenberg. Wie eine Insel ragt dieser markante Hügel aus dem Alpenvorland, der Gipfel gekrönt von einer meteorologischen Station.

Folgenreiches Versprechen

Schweren Herzens verlasse ich die Kuppe, ziehe hinunter ins Tal und treibe die Maschine in der Dämmerung wieder in die Berge hinein. Es geht weiter nach Oberammergau. Richtig: Das ist der Ort, an dem die berühmten Passionsspiele alle paar Jahre stattfinden. Damit erfüllen die Bewohner des Ortes ein Versprechen, dass deren Vorfahren nach einer Pestepidemie 1633 gegeben hatten: Wenn wir von der Krankheit verschont werden, führen wir regelmäßig ein Passionsspiel auf.

So wurden schon ein Jahr später die letzten Tage im Leben von Jesus Christus aufgeführt, woran sich bis heute trotz diverser Anpassungen an

Die Straße in die Eng ist das Bikerparadies im Karwendel.

die Moderne nicht viel geändert hat. Immer noch stehen ausschließlich die Bewohner des Ortes auf der Bühne oder sind mit der Organisation des Spektakels beschäftigt.

Ich habe immer noch nicht genug von Geschichte. Ludwig II. hatte sich in einem nahen Tal ein Schloss bauen lassen, in dem er seiner überbordenden Fantasie freien Lauf ließ. Linderhof ist kein irdischer Platz, sondern eine Traumwelt. Prunkvoll das Ambiente in den verschiedenen Sälen, wo insgesamt 4,5 Kilogramm Gold verteilt sind, geradezu fantastisch-grotesk die künstliche Grotte mit einem See, über den der Monarch in einem schmucken Boot fuhr. Hier brannte das erste elektrische Licht Bayerns! Virtuelle Welten sind keine Erfindung moderner Computersoftware – Ludwig II. war seiner Zeit weit voraus!

Im Abendlicht zum Pass

Der Blick auf die waldbestandenen Hänge führt mich in die Gegenwart zurück, weiter in Richtung Lechtal. Im Schatten von Schloss Neuschwanstein folge ich wieder der Alpenstraße, fahre am Grüntensee vorbei hinauf nach Oberjoch. Die Abendsonne scheint mir strahlend ins Gesicht, als ich die Kehren des Oberjochpasses hinunter nach Hindelang nehme.

Es sind schon noch einige Kilometer für heute, ich sollte mich sputen. Es ist dennoch bereits dunkel, als ich meine Tour über die Deutschen Alpenstraße in Lindau am Ufer des Bodensees beende. Da muss mein Bad im „Schwäbischen Meer" bis morgen warten. Vielleicht sogar schon vor dem Frühstück, je nachdem, was das Wetter so für mich bereithält. ◂

TOUREN-STECKBRIEF

STRECKENLÄNGE 506 Kilometer

ROADBOOK Rossfeldstraße, Berchtesgaden, Schönau am Königssee, Ramsau, Reit im Winkl, Grassau, Brannenburg, Oberaudorf, Bad Tölz, Hinterriß, Eng, Wallgau, Oberammergau, Schwangau, Oberjochpass, Hindelang, Immenstadt, Oberstaufen, Scheidegg, Lindau.

CHARAKTERISTIK Die Deutsche Alpenstraße erstreckt sich offiziell auf einer Länge von über 450 Kilometer zwischen Königssee und Bodensee. Die Landschaft in diesem Alpenbogen bietet ein abwechslungsreiches und wahrhaft traumhaftes Panorama. Die Strecke führt vorbei an zahlreichen Bergseen, prachtvollen Schlössern und Kurorten sowie ursprünglichen Ortschaften.

ATTRAKTIONEN Zu Beginn dieser Tour begeistert die **Rossfeldstraße** (47.626529, 13.092163). Über das „weiße Gold" der Alpen informiert das **Salzbergwerk Berchtesgaden** (47.639100, 13.016210). Der Extra-Tipp ohne Motorrad: eine Bootsfahrt zur **Fraueninsel** auf dem Chiemsee (**chiemsee-schifffahrt.de**).

UNTERKUNFT Ein kleines, familiäres Haus in einer ruhigen Stadtlage von Bad Tölz ist das **Hotel Leonhardihof**. Parkplätze sind vorhanden, zur Isar und zur Altstadt ist es nicht weit. **leonhardihof.de**

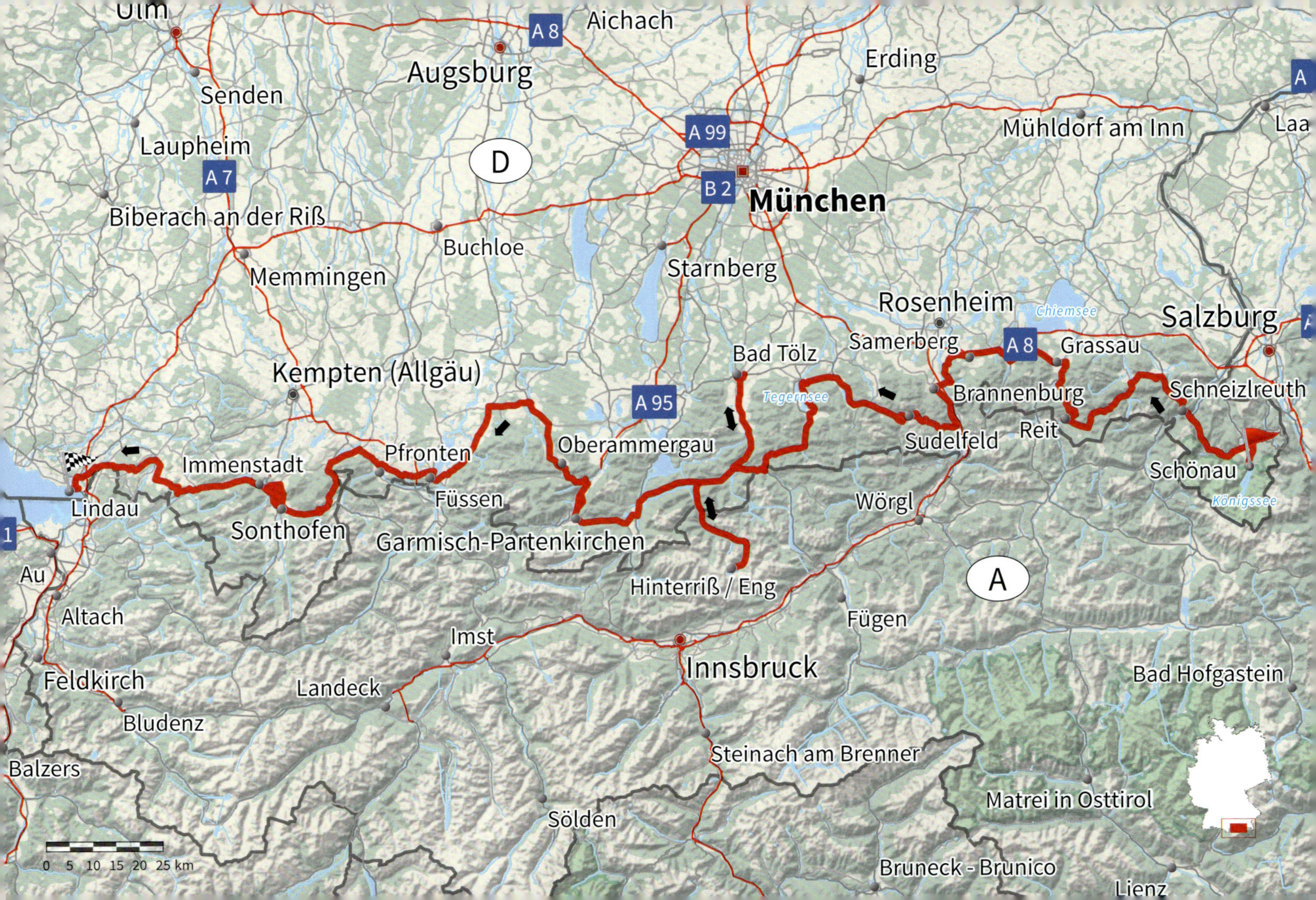

Ulm
A 8
Aichach
Augsburg
Erding
Senden
A 99
Mühldorf am Inn
Laa
Laupheim
A 7
D
B 2
München
Biberach an der Riß
Buchloe
Memmingen
Starnberg
Rosenheim
Chiemsee
Salzburg
Bad Tölz
Samerberg
A 8
Grassau
Kempten (Allgäu)
Tegernsee
Brannenburg
Schneizlreuth
A 95
Reit
Pfronten
Oberammergau
Sudelfeld
Immenstadt
Schönau
Lindau
Füssen
Wörgl
Königssee
Sonthofen
Garmisch-Partenkirchen
Au
Hinterriß / Eng
A
Altach
Fügen
Imst
Innsbruck
Feldkirch
Landeck
Bad Hofgastein
Bludenz
Steinach am Brenner
Balzers
Matrei in Osttirol
Sölden
0 5 10 15 20 25 km
Bruneck - Brunico
Lienz

Ritt ins Mittelalter

Die Burgenstraße führt auf rund 1200 Kilometern von Mannheim nach Prag. Aber auch Teilstücke sind äußerst reizvoll – so die Etappe von Heidelberg nach Rothenburg ob der Tauber, die entlang romantischer Gemäuer verläuft.

Erhaben oberhalb des Neckars liegt Burg Hornberg, eine Wehranlage, die seit 1184 über ihre Umgebung wacht.

Ein Selfie mit Sonnenschirm. Im Dunst eines heißen Tages das Rheintal, unterhalb der Schlossmauern, führen Brücken über den Neckar. Alte Häuser, verwinkelte Gassen. Ein Lächeln für die Lieben zu Hause irgendwo in Asien. Der digitale Gruß aus Heidelberg, für Touristen verständlicherweise einer der Höhepunkte einer Europareise.

Für uns – Kumpel Walter auf einer Africa Twin, ich auf meiner schon etwas in die Jahre gekommenen, aber immer noch heiß geliebten Suzuki V-Strom – ist dies der Auftakt einer Tour über die Burgenstraße.

Allein am Umlaufberg

Drängten sich in Heidelberg noch die Touristen, ist man auf der Burgfeste Dilsberg fast alleine. Und das, obwohl man nur ein paar Kilometer im Neckartal in Richtung Osten unterwegs ist, um schließlich auf einer kleinen Landstraße hinauf auf einen vom Fluss umkurvten Umlaufberg zu fahren. Über 30 Grad zeigt das Thermometer an. Da rinnt der Schweiß unter dem Helm hervor, die Flüssigkeit muss ersetzt werden.

Wir sind froh, aus der Sonne raus- und in die kühle Chocolaterie im Gasthaus Zur Burg hineinzukommen. „Es lohnt sich jedoch, auch noch auf den Turm der Burg zu steigen", sagt Wirtin Eva Hes. Die Aussicht sei fantastisch. Und recht hat sie. Der Neckar im Westen, im Norden und im Osten, darüber vor allem Wald. So bekommt man einen ersten Eindruck davon, warum Burgen immer an solchen exponierten Stellen gebaut wurden. Der Feind war früh im Blickfeld, der Freund auch, um das Met- oder Bierfass im Burgkeller anzustechen.

Die toll zu cruisende Bundesstraße durch das weite Neckartal ist an diesem Nachmittag wie geschaffen für uns. Ein grüßender Blick zur imposant am Berg liegenden Burg Hirschhorn, noch eine Flasche kühles Mineralwasser in Eberbach.

Zahllose Festungen liegen in ruhigen Winkeln entlang der deutschen Burgenstraße – so auch Burg Guttenberg.

Dann vor Mosbach noch ein Ausritt auf die Höhen oberhalb des Neckars, bevor es hinunter ins Tal und durch die Weinberge wieder hinaufgeht, zu einem der ältesten historischen Gemäuer des Neckartals: der Burg Hornberg, einer Wehranlage, die 1184 zum ersten Mal urkundlich erwähnt wurde und die einen ganz berühmten Bewohner hatte, dem Goethe ein literarisches Denkmal setzte.

Wie ein Ritter auf dem Weg zum Turnier fühlt man sich bei der Ausfahrt aus dem Tor von Burg Dilsberg.

Eiserne Hand

„Götz von Berlichingen hat 1517 mit 37 Jahren den Hornberg gekauft und ist hier auch 1562 gestorben", sagt der heutige Burgherr, Baron Markus von Gemmingen-Hornberg. Mit 24 Jahren wurde Götz in die rechte Hand geschossen – aus Versehen von eigenen Leuten. Ein Nürnberger Kunstschmied fertigte daraufhin für ihn die berühmte eiserne Hand an.

Dank eines Federmechanismus konnte er jeden Finger der eisernen Hand bewegen und arretieren beziehungsweise mittels eines Druckknopfs entlasten. Der „Ritter mit der eisernen Hand" sowie das Götz-Zitat „Er kann mich im Arsche lecken" aus Goethes Schauspiel haben Hornberg zusammen mit der tollen Lage über dem Neckartal bekannt gemacht.

„Unsere Familie hat die Burg 1612 vom Enkel vom Götz gekauft", sagt von Gemmingen-Hornberg. 1950 begann der Tourismus im Neckartal, und die Großeltern des Barons bauten aus dem ehemaligen Pferdestall ein Restaurant; aus dem Schafstall wurde später ein Hotel.

Die mittelalterliche Ritterburg mit ihren hohen Türmen und dicken Mauern, die in den vergangenen Jahren vorsichtig saniert wurde, reizt mich. Also steige ich noch vor dem Abendessen durch die Anlage, in der einst der Götz mit seinem Kettenhemd gerasselt hat. Mit jeder Stufe, die ich hinauf auf den Turm steige, entsteht auf meiner Stirn eine weitere Schweißperle. Doch es ist die Mühe wert.

Unter mir liegt die Terrasse des Burgrestaurants, der in der Abend-

Nach schweißtreibendem Aufstieg belohnt dieser Blick über das Neckartal vom Turm der Burg Hornberg.

sonne glitzernde Neckar, die in weiches Licht getauchten die Hügel oberhalb des Flusses. Noch weit vor Sonnenuntergang nehmen wir auf der Terrasse Platz, genießen die lokale Küche und auch einen kühlen Tropfen aus dem Neckartal. Und das bis weit nach Sonnenuntergang.

Hightech und wilde Vögel

Nicht nur der Verwandtschaftsgrad der Besitzer der Burgen Hornberg und Guttenberg ist nah, auch die Entfernung beträgt nur einige Kilometer. „Flugbetrieb. Bitte Schritt fahren", warnt ein Schild unterhalb des Gemäuers, auf dem ein etwas gerupft wirkender Greifvogel abgebildet ist.

Geschichte kann ja bisweilen ganz schön dröge sein. Aber Friederike von Dewitz schafft es, die Historie der im elften und zwölften Jahrhundert zur Zeit der Stauferkaiser errichteten Burg spannend zu erzählen. „Ich habe hier meine Kindheit verbracht", erzählt sie und spricht von „Survival", wenn man in einem solchen Gemäuer lebt. „Im Winter heißt es: Wer friert, der schürt – die Burg wird heute noch mit Holz beheizt", sagt von Dewitz. Vor einigen Jahren sei sie zurückgekehrt, „weil mich diese Mauern und Wurzeln einfach nicht loslassen", sagt die Cousine des heutigen Besitzers. Von Dewitz erzählt vom Er-

TOUREN-TIPP

Es lohnt sich, die **Burgfeste Dilsberg** in Neckargemünd zu besteigen – vor allem wegen des phantastischen Panoramaausblickes.

burgfeste-dilsberg.de

bauer der Burg, der diese als Lehen vom Kaiser bekommen und für den bisweilen klammen Herrscher Geld ein- und aufgetrieben habe. „Zurückbekommen hat er in Form von Naturalien", ergänzt sie – die Söhne konnten schließlich 28 Burgen ihr Eigen nennen.

Heiße Waffen

Sie erzählt von Burgherren und ihren Immobiliengeschäften, von Rittern und bisweilen blutigen Turnieren, von Hightech-Schießeisen, die vier Stunden abkühlen mussten, bevor die Waffe erneut nachgeladen werden konnte, der Reformation, die hier in der Gegend durch die Herren der Burg vorangetrieben wurde. Auch gegen den Willen der Herrschenden. Im Gedächtnis bleibt auch die fantastische Holzbibliothek. 93 „Bände" umfasst diese. Jeder Band ein in Buchform gestaltetes Kästchen, in dem Zweige, Zapfen und andere Merkmale einer bestimmten Baumart aufbewahrt werden.

Innerhalb der Burgmauer findet man denn auch die Erklärung für das Warnschild an der Straße. Rund eine Stunde hat Falkner Marco Nicolai noch bis zu seiner Greifvogelschau. Genug Zeit, um sich mit ihm über „seine" Vögel zu unterhalten. Wobei er schnell klar macht, dass diese nicht seine Vögel sind, sondern die Flugkünstler einfach den Vorteil erkannt haben, dank der Falkner ein angenehmes Leben führen zu können. „Wir sind eigentlich nur Bodenpersonal, das als Bittsteller da ist." Und er räumt gleich mit einem weiteren Vorurteil auf.

„Nein, die Vögel fliegen nicht gerne, gerade bei diesem Wetter", sagt der Falkner. Wer würde bei dieser Hitze schließlich Marathon laufen? Ein Flügelschlag sei für den Vogel ungefähr so anstrengend wie ein Klimmzug für einen Menschen. Zehn bis maximal

Innerhalb der Burgmauern von Guttenberg haben rund 80 Greifvögel ihr Zuhause gefunden.

Das Steinsbergtöpfle, eine Suppe im Brot, wird auf der gleichnamigen Burg serviert.

Dominiert wird die Gegend von Wäldern und kurvenreichen Strecken.

40 Minuten würden die Greife am Tag fliegen – am liebsten bei Wind und Thermik und vor allem, wenn sie einen Grund haben. Hunger zum Beispiel. Rund 80 verschiedene Vögel leben in den Volieren. Mönchs-, Gänse- und Bartgeier, Seeadlerarten, Stein- und Kaiseradler sowie Falken und Eulen. Einige Tiere werden zu den Flugvorführungen in den Himmel entlassen – „und kehren doch immer wieder zurück", wie Nicolai sagt.

Wir haben zwar viel erfahren an diesem zweiten Tag auf der Burgenstraße. Aber weit gekommen sind wir heute noch nicht. Das soll sich jetzt ändern. Nächstes Ziel ist die Burg Steinsberg ein paar Kilometer südlich von Sinsheim, das durch sein Technikmuseum bekannt ist. „Kurvenreiche Strecke" geben wir in die Navis ein und cruisen durch eine von Feldern und Wäldern dominierte Landschaft. Ein paar Dörfer, sanfte Anstiege und ebensolche Abfahrten prägen diesen Abschnitt. Nicht spektakulär, aber schön zu fahren – und vor allem: Autos sind eher selten.

Schwäche für das Mittelalter

Das schätzen auch Uwe Wels und Uta Kannegießer, die ihre Schwäche für das Mittelalter entdeckt haben. Die beiden haben ihre Bikes im Schutz des in Weinbergen hoch über dem kleinen Dorf Weil errichteten alten Gemäuers geparkt. Das dürfen sie auch, schließlich sind sie die Wirtsleute, welche die Gäste in einem historisch anmutenden Wams empfangen.

Beide versuchen, in ihrer raren Freizeit Motorrad zu fahren und nutzen ihre Bikes für die Fahrt von Bad Rappenau zur Arbeit auf der Burg. „Die Region ist für Motorradfahrer an sich gut, aber der Straßenzustand könnte manchmal besser sein", sagt Uta. „Aber die Landschaft mit all diesen kleinen Klöstern und Burgen ist ein Traum", ergänzt Uta. Zwei Liter Apfelsaftschorle als „Kühlwasser" und ein zur Lokalität passendes „Steinsbergtöpfle" bringen Energie für die kommenden Kilometer.

Nächster Stopp auf unserer Reise soll Bad Wimpfen sein. Die altehrwürdigen Gemäuer der einstmals größten Stauferpfalz nördlich der Alpen bilden eine markante Silhouette über dem Neckar. Türme ragen in den Himmel, und durch die Altstadt mit etlichen hübschen Geschäften und netten Cafés lässt es sich prächtig bummeln.

Wir holpern mit unseren Maschinen nach einem kurzen Stopp über das Kopfsteinpflaster hinunter in das Neckartal, werfen von der Brücke über den Fluss noch einmal einen Blick zurück und freuen uns auf ein wenig Fahrtwind. Weinsberg mit der Burgruine Weibertreu wäre die nächste Sehenswürdigkeit auf der Burgenstraße. Doch wir entscheiden uns für eine andere Route nach Schwäbisch Hall, unserem heutigen Etappenziel. Denn bei Bad Wimpfen mündet die Jagst in den Neckar.

Verlockende Badestelle

Wie eine Schlange windet sich das Flüsschen durch ein grünes, von Wiesen bedecktes Tal. Ein paar Dörfer mit schönen Häuschen unterbrechen ab und an die Fahrt auf der kleinen Landstraße. Und dann ist da noch die Badestelle, an der wir vorbeigleiten …

Kurz entschlossen wenden wir die Motorräder, holpern über einen Schotterweg zu einem Parkplatz neben einer Grünanlage hinunter. Schnell sind die Mopedklamotten gegen die Badehose getauscht. Die Uferböschung hinunter und … platsch. Herrlich, wie belebend kühles Flusswasser den erhitzten Körper erfrischt. Wir trocknen in der Sonne, bis der Blick auf die Wetter-App uns wieder auf die Bikes bringt. Eine kräftige Gewitterfront zieht von Westen heran. Und wir haben noch ein ganzes Stück vor uns. Das zieht sich auch noch in die Länge, weil eine kleine Landstraße in Richtung Waldenburg frisch gesplittet ist. Nicht über ein paar hundert Meter, sondern zig Kilometer.

Wenig später drücken wir in der Tiefgarage des Ringhotels Hohenlohe den Stoppschalter der Bikes. Das Haus erweist sich als perfekte Wahl. Beim Stiefelbier auf der Terrasse werfen wir einen ersten Blick auf Schwä-

Im Bad Wimpfens malerischen Gassen geht es beschaulich zu.

bisch Hall. Der Kocher teilt den Ort, in seinem Wasser spiegeln sich die hübschen Fachwerkhäuser. Überragt werden sie vom Kirchturm, in dessen Schatten im Sommer auf der Freitreppe Theater gespielt wird. Wir bummeln durch die Fußgängerzone, gönnen uns ein Eis und blicken etwas neidisch auf die Gäste, die in einer kleinen Kneipe auf einem Balkon direkt über dem Fluss ihren Wein trinken. Leider ist dort kein Tisch mehr frei.

Kirchberg an der Jagst liegt ebenso wie Rot am See an der abschließenden Etappe nach Rothenburg ob der Tauber. Der mittelalterliche Ort liegt nicht nur verkehrsgünstig an der A 7 zwischen Ulm und Würzburg, sondern lohnt auch einen längeren Aufenthalt. Das wissen natürlich auch die Touristen aus Asien, auf deren Besuchsplan dieser historische Flecken ein Muss ist. In Gruppen laufen Sie ihren Guides hinterher – oder besser: deren in die Luft gehaltenen und an diesem Tag nutzlosen Schirmen.

V-Strom als Fotomotiv

Sogar meine schon etwas ältere V-Strom wird zum Fotomotiv, mit dem man sich fotografieren lässt. Dass ich als Fahrer mitposieren muss, wird klar, als ich von ein paar netten Asiaten in die Mitte genommen werde. Smile, fröhliches Gelächter, klick. Umso mehr, als ich den Spieß umdrehe und ein Bild der Fotografen mache, während diese ihre Kameras auf mich richten.

Man braucht nicht immer große Worte, um seine Freude mit anderen Menschen zu teilen – in meinem Fall die Freude an einer interessanten Tour über die Burgenstraße. ◂

TOUREN-STECKBRIEF

STRECKENLÄNGE 323 Kilometer

ROADBOOK Heidelberg, Eberbach, Mosbach, Neckarzimmern, Bad Rappenau, Bad Wimpfen, Mockmühl, Neufels, Kupferzell, Schwäbisch Hall, Rot am See, Rothenburg ob der Tauber.

CHARAKTERISTIK Bis auf die Anfahrt zur einen oder anderen Burg enthält die Strecke keine größeren Herausforderungen. Man ist auf überwiegend guten Landstraßen unterwegs.

ATTRAKTIONEN Über 90 Burgen, Schlösser und Ruinen säumen die Burgenstraße und beweisen, dass sie ihren Namen zu Recht trägt. Die Bauten haben Jahrhunderte wechselvoller Geschichte überdauert und erinnern an Kaiser, Könige und Fürsten, an Dichter und Denker, Raubritter und Romanzen. Die einen bilden die Kulisse für Konzerte, andere werden von den Nachfahren bewohnt und sind teils für Besucher geöffnet. Greifvögel sind innerhalb der Burgmauern von **Guttenberg** (49.28041, 9.13386) zu bestaunen. Opulente Rittermahle gibt es in der **Burg Steinsberg** (49.215080, 8.87662).

UNTERKUNFT Die ehemalige **Ritterburg Hornberg**, in der Götz von Berlichingen fast sein gesamtes Leben verbrachte, ist heute ein hervorragendes Hotel-Restaurant mit tollem Flair. Sie thront hoch über Neckarzimmern. **burg-hotel-hornberg.de**

Würzburg
Wertheim
A 3
Bensheim
B 44
A 67
Worms
Michelstadt
Tauberbischofsheim
B 13
Lauda
Uffenheim
A 6
Mudau
A 81
Ludwigshafen am Rhein
B 3
Buchen (Odenwald)
Bad Mergentheim
Bad Windsheim
Eberbach
A 65
Heidelberg
B 37
Mosbach
Rothenburg ob der Tauber
Colmberg
Möckmühl
Neckarzimmern
Speyer
Sinsheim
Neufels
Bad Rappenau
B 272
Rot am See
Bad Friedrichshall
Kupferzell
Germersheim
B 36
Eppingen
Heilbronn
Crailsheim
Schwäbisch Hall
549
9
Bretten
B 25
Karlsruhe
B 35
A 7
B 298
Ellwangen (Jagst)
Ludwigsburg
Pforzheim
Mura
A 8
0 5 10 15 km
Stuttgart
B 29
Aalen

Bocksbeutel-Biker

Eine genussvolle Reise durchs Fränkische Weinland, wo Rebstöcke gedeihen, kurvige Straßen prickelnde Momente schenken und malerische Orte jede Menge Romantik versprühen.

Der fröhliche Zecher in Eußenheim genießt seinen Frankenwein.

Im gemütlichen Gemünden lässt es sich vortrefflich pausieren.

Abendliche Tourenplanung auf der lauschigen Terrasse vor dem Gasthof Nöth: Über uns der Sternenhimmel, vor uns die Straßenkarte und der Wunsch nach Strecken, die so schön geschwungen sind wie eine bauchige Bocksbeutelflasche Frankenwein.

Am frühen Morgen wieder im Sattel, wechseln wir im benachbarten Diebach über eine einspurige Brücke auf das südliche Ufer der Fränkischen Saale und folgen einem schmalen Fahrweg, der starke Ähnlichkeiten mit einem Schmugglerpfad aufweist, hinauf zur B 27.

Schon bald stoßen wir wieder auf die weiten Schleifen des gewundenen Wasserlaufes, der zwischen Gemünden und Bad Kissingen die nördliche Grenze des Fränkischen Weinlandes bildet. Karl der Große, anfangs „nur" König der Franken, wenig später Kaiser und Herrscher über Westeuropa, begünstigte im 8. Jahrhundert den Aufstieg Hammelburgs zum Weinbauzentrum der Region.

Ein mittelalterlicher Handelsweg zwischen Nordseeküste und italienischem Stiefel verlief über die erst später errichtete fünfbogige Brücke, der zur Festung ausgebaute Ort sicherte den wichtigen Übergang. Wir haben den Bogen raus, denke ich mir, als wir uns für ein paar Kilometer vom südlichen Rand der Rhön und der Saale verabschieden, unter dem beeindruckenden, steinernen Eisenbahnviadukt in Euerdorf hindurch huschen und zur Heiligenkreuzkapelle oberhalb von Sulzthal schwingen. Glaubt man den Überlieferungen, soll die einst bei Wallfahrern beliebte Quelle mit heilendem Wasser versiegt sein, weil, politisch völlig inkorrekt, „Zigeuner" hier ihre Kleidung gewaschen haben.

Der König und die Croupiers

Führt uns die gepflegte Landstraße noch eine Weile durch kleinere Wälder, entlässt sie uns ein paar Schaltvorgänge später in die von Äckern und Wiesen geprägte Hügellandschaft.

Doch mit dem Landleben ist es schnell vorbei, das mondäne Bad Kissingen fordert Beachtung. Die abgelagerten Mineralien und Salze urzeitlicher Meere versorgen gleich mehrere Heilquellen des bayerischen Staatsbades, das sich seit Jahrhunderten bei Kurgästen aus In- und Ausland allergrößter Beliebtheit erfreut.

Hier stolpern wir erstmals über den erfolgreichen Architekten Balthasar Neumann, der 1737 kurzerhand den Saaleverlauf ändern ließ, um Baugrund für prachtvolle Kurhäuser und gepflegte Parkanlagen zu schaffen. Nur wenige Dekaden später ist seine Hoheit König Ludwig I von Bayern häufiger zu Gast und lässt sich standesgemäß verwöhnen.

Um die Finanzen muss er sich nicht viele Gedanken machen, denn für die Einnahmen wird das Luitpold-Casino sorgen. In der ältesten Spielbank des Freistaates scheint die gute alte Zeit stehen geblieben zu sein; schwere Vorhänge und glänzende Kronleuchter überdauerten bis heute. Obwohl sich die Kleiderordnung merklich gelockert hat, eine Krawatte ist nicht mehr vonnöten, verzichten

Das schlichte Schloss Aschach und die glitzernde Fränkische Saale bilden bei Bad Bocklet ein bildhübsches Duo.

Das historische Zentrum von Bad Neustadt an der Saale wird von einer mächtigen Wehrmauer umschlossen.

wir mit unseren verstaubten und verschwitzten Klamotten auf einen Besuch.

Hinter mächtigen Mauern

Gegen den Lauf der oberen Saale verlassen wir die Stadt. Eine landschaftlich wie fahrerisch reizvolle Nebenstrecke versucht vergeblich, dem in weiten Radien mäandernden Fluss zu folgen. Nach nur wenigen Kilometern wartet kurz vor Bad Bocklet ein hübsches Fotomotiv auf uns. Im Vordergrund stürzt das Gewässer rauschend und im Sonnenlicht tausendfach glitzernd über ein breites Wehr hinab, dahinter ragt das eher unscheinbar wirkende Schloss Aschach in den weiß-blauen Himmel. Das im 12. Jahrhundert erbaute Gemäuer stand unter keinem guten Stern: Die Bewohner wurden immer wieder von Bränden und Besitzerwechseln, Plünderungen und Pleiten heimgesucht.

Mit der Rhön am linken und der Saale am rechten Spiegel erreichen wir das von einer mittelalterlichen Stadtmauer umschlossene Bad Neustadt. Wer genau hinschaut und über ein Quäntchen Phantasie verfügt, entdeckt den herzförmigen Verlauf der steinernen Verteidigungsanlage. Karl der Große soll einst von einem Hügel ins Saaletal geblickt und seiner Frau Fastrada versprochen haben: „Als Zeichen unserer Liebe will ich dort unten eine Stadt in Herzform errichten."

Große Gefühle! Die müssen wir erst einmal verdauen. Durch die verwinkelten Gassen rollen wir in die historische Altstadt und gönnen uns am Marktplatz unterhalb der Pfarrkirche Mariä Himmelfahrt einen leckeren Pausen-Cappuccino.

Zeit für einen Kurswechsel: Mit einem erhöhten Koffeinspiegel brummen wir schon bald durch die weiten Saalewiesen zwischen Bad Neustadt und Salz und streben südwärts, dem noch rund 40 Kilometer entfernten Main entgegen.

Ein viel kleinerer Wasserlauf, die Lauer, versteckt sich unweit der verkehrsarmen Trasse hinter Büschen und Bäumen, bis Münnerstadt vor unseren Cockpits auftaucht. Auch hier wird viel historisches Fachwerk von einer uralten steinernen Ringmauer umschlossen und von mächtigen Zugangstoren beschützt. Anschließend nimmt uns die kurzweilige Landstraße mit in finstere Forste, bevor sie uns bei Oerlenbach in ausgedehnte Ackerflächen entlässt.

Die parallel zur A71 verlaufende B19 schickt uns dann ins Werntal und gibt sich große Mühe, den Industriestandort Schweinfurt buchstäblich links liegen zu lassen. Auf dieser naturnahen Route gelingt es uns vorzüglich, die zahlreichen und stark frequentierten Fernverbindungen zu umfahren, bis wir vor Schloss Werneck die Zündschlüssel ziehen.

Perfekte Symmetrie und strenge Ordnung prägen das in der ersten Hälfte des 18. Jahrhunderts entstandene barocke Bauwerk. An die Rückseite des prachtvollen Ensembles schließt sich eine nach englischem Vorbild gestaltete Parkanlage an. Vom damaligen Würzburger Fürstbischof von Schönborn als Sommerresidenz in Auftrag gegeben und von seinem

Das Barockschloss Werneck wurde Mitte des 18. Jahrhunderts geplant.

Die kurvenreichen Nebenstrecken des Fränkischen Weinlandes führen häufig bis an die Rebhänge.

Stararchitekten Balthasar Neumann entworfen, wurde das Palais nur hundert Jahre später zu einer Heil- und Pflegeanstalt für psychisch Kranke umgebaut.

Besonderes Fleckchen Erde

Das einzig Beständige ist die Veränderung: Schon bald tauschen wir die schiefergedeckten Zwiebeltürme der Schlosskapelle gegen die markanten Kühltürme des Kernkraftwerkes Grafenrheinfeld ein.

Wir brauchen nur noch den vielen Oberleitungen zu folgen, um an den Main zu gelangen, der den östlichen Rand des Weinlandes markiert. Auf unserer Traubentour lassen wir uns stromabwärts treiben, bis wir auf Rebhänge stoßen, die sicher schon zu Zeiten bestellt worden sind, als die Häuser der verträumten Orte, durch die wir bummeln, noch mit Kerzen beleuchtet und mit Holz beheizt wurden.

Kaum haben wir die Schaltbox rauf und runter gespielt, erreichen wir die enge Mainschleife bei Volkach und streben himmelwärts. Ein Aussichtspunkt mitten in der großen

Der Halt an der Volkacher Mainschleife bietet nicht nur tolle Blicke, sondern auch Informationen.

Im Kerker des Volkacher Stadttores saßen die Bösewichter bei Wasser und Brot ein.

Lage Escherndorfer Lump drängt sich förmlich auf, einen Blick auf das von der Sonne verwöhnte Terroir zu werfen. Das milde Klima, die steilen Hänge und die mineralstoffreichen Böden honorierten die großen Anstrengungen der Bauern, die vor über 1200 Jahren mit dem Anbau der ersten Weinstöcke im Maindreieck begannen, bis in der Blütezeit des Mittelalters 40000 Hektar bewirtschaftet wurden. Davon überdauerte nur ein Siebtel der ehemaligen Flächen, aber mit ihnen die typischen und qualitativ hochwertigen Sorten wie Silvaner, Müller-Thurgau und Bacchus.

Malerische Weinorte

Volkach verlassen wir als freie Bürger durch das obere Tor der gut erhaltenen Stadtmauer. Das war nicht immer so, denn im Mittelalter war hier das Stadtgefängnis mit den wenig heimeligen Zellen untergebracht, daher auch der Name „Diebenturm". Nach einem Trip über die nahe Maininsel besuchen wir die malerischen Weinorte Sommerach, Dettelbach und Kitzingen, deren wehrhafte Stadttore, engen Gassen und reichen Fachwerkfassaden reichlich Romantik versprühen. Dabei sticht uns der sieben Stockwerke umfassende Falterturm ins Auge, der wegen seines geneigten Spitzdachs oft und gern als „schiefer Turm von Kitzingen" betitelt wird.

Fast schon an den Hängen des benachbarten Steigerwaldes angekommen, folgen wir weiterhin dem Main, der einen deutlichen Haken geschlagen hat und nun in Richtung Nordwesten strömt. Kaum haben wir den altfränkischen Weinberg bei Randersacker passiert, kommt es zu einem

Die Würzburger Residenz vereint, von Balthasar Neumann geplant, gleich mehrere Architekturstile.

krassen Szenenwechsel: Die verträumte Nebenstrecke mündet in die quirlige B 13, liebliche Rebhänge werden von nüchternen Häuserschluchten verdrängt.

Genialität trifft auf Geld

In der Würzburger Innenstadt angekommen, mogeln wir uns an der Schranke vorbei auf den Parkplatz vor der Residenz. Erneut stoßen wir bei unseren Recherchen auf die Namen von Schönborn und Balthasar Neumann. 1687 im heutigen Tschechien geboren und im Jugendalter handwerklich ausgebildet, entschloss sich Neumann 1712 zum Armeedienst, der ihm die einzige Möglichkeit bot, das Ingenieurwesen zu erlernen. Hochintelligent und begabt, stieg er in Windeseile zum Offizier und Würzburger Baudirektor auf. Zahlreiche innereuropäische Reisen und der Austausch mit anderen Architekten fördern seine Genialität und ließen den Hochadel aufmerksam werden. Mitglieder der einflussreichen Familie von Schönborn besetzten in und um Würzburg wichtige Kirchenämter und vergaben als wahre Baulöwen zahlreiche Aufträge an Neumann. 1720 wurde er vom hiesigen Fürstbischof Johann Philipp Franz von Schönborn aufgefordert, ein standesgemäßes und repräsentatives Gebäude zu schaffen.

Geld spielte keine große Rolle, drastische Steuererhöhungen sollten

TOUREN-TIPP

Die im 18. Jahrhundert von Balthasar Neumann im kreativen Zusammenspiel mit anderen namhaften Baumeistern geplante und vom Fürstbischof von Schönborn in Auftrag gegebene **Würzburger Residenz** wurde aufgrund ihrer prachtvollen Ausführung und Einzigartigkeit 1981 von der UNESCO zum schützenswerten Weltkulturerbe ernannt.

residenz-wuerzburg.de

das Entstehen der Würzburger Residenz sicherstellen. Der dadurch beim Volk verhasste Bauherr hatte das imposante Werk aber nie bewohnt, er starb vor Fertigstellung bei einem Jagdausflug. Neumann heiratete 1725 Maria Eva Engelberta Schild, Tochter einer bedeutenden Würzburger Familie. Sie schenkte ihm nicht nur acht Kinder, sondern ebnete ihm den Zugang zu höheren Kreisen. Als Neumann 1753 starb, hinterließ er ein Lebenswerk von über 100 bedeutenden Bauten, von denen viele noch heute als wahre Meisterstücke gelten. Die durch Bomben im Zweiten Weltkrieg schwer beschädigte Residenz schaffte es nach dem Wiederaufbau sogar in die UNESCO-Liste der schützenswerten „Weltkulturgüter".

Bevor wir auf unseren Motorrädern den westlichen Schenkel des Maindreiecks erkunden, werfen wir noch einen Blick auf die stattliche Bastion Marienberg, die oberhalb der Alten Mainbrücke uneinnehmbar wacht. Während die Grundmauern der häufig umgebauten Festung auf das Jahr 1200 datiert werden, ist der Vorläufer der steinernen Mainquerung noch älter. Der bei Touristen beliebte Aussichts- und Fotopunkt wird von zwölf übergroßen Statuen flankiert und ist für den Straßenverkehr gesperrt.

Im Wein liegt Wahrheit

Als auch wir unsere Bilder im Kasten haben, verschwinden wir mit dem Strom aus der Stadt. Weil unzählige Lastwagen auf der mehrspurigen B27 und endlose Güterzüge auf dem Schienenstrang daneben uns die Sicht auf den Main verwehren, entscheiden wir uns bei Zell für das westliche Ufer. Eine gute Wahl, denn dort lässt es sich viele Kilometer stressfrei bummeln.

Die umliegenden Rebhänge immer im Blick, wechseln wir letztmalig über das dunkle Nass des träge dahinflie-

Die hoch über dem linken Mainufer aufragende Festung Marienberg verteidigte Würzburg und den Flussübergang.

TOUREN-STECKBRIEF

STRECKENLÄNGE 250 Kilometer

ROADBOOK Hammelburg, Diebach, Euerdorf, Bad Kissingen, Bad Bocklet, Bad Neustadt, Salz, Münnerstadt, Forste, Oerlenbach, Werneck, Grafenrheinfeld, Volkach, Sommerach, Dettelbach, Kitzingen, Randersacker, Würzburg, Zell, Karlstadt, Eußenheim, Gemünden, Morlesau, Hammelburg.

CHARAKTERISTIK Im Dreieck Würzburg – Gemünden – Bad Neustadt, eingerahmt von den Mittelgebirgen Rhön, Spessart und Steigerwald, offenbart das hügelige Fränkische Weinland seine ganze Vielfalt: wunderschöne Landschaften, romantische Flusstäler und malerische Orte. Von den Knotenpunkten abgesehen, ist die Region verkehrsarm und die Straßen sind gut in Schuss. Wer dann noch Sinn für Kultur, Küche und Keller hat, entdeckt in dem kurvenreichen Motorradparadies wahre Schätze.

ATTRAKTIONEN Das Flair der historischen Altstadt von **Würzburg** (49.793920, 9.93715), die geschichtsträchtigen Winzerorte und steilen Rebhänge in der Mainschleife bei **Volkach** (49.863550, 10.22399) sowie der mondäne Kurort **Bad Kissingen** (50.197790, 10.072370), der seine Bedeutung dem bayerischen Monarchen König Ludwig I. verdankt.

UNTERKUNFT Schon seit mehr als 250 Jahren sind Reisende im **Hotel und Gasthof Nöth** in Hammelburg-Morlesau herzlich willkommen. Die ruhige Lage in an der Fränkischen Saale, der einladende Biergarten, die gemütlichen Zimmer und eine mehrfach ausgezeichnete frische fränkische Küche runden den Gesamteindruck positiv ab. Am Abend lassen sich mit dem Gastgeber Harald Spath, der begeisterter Motorradfahrer ist, weitere schöne Touren austüfteln. **hotel-noeth.de**

Denkmal in Diebach für Kurfürst Clemens August von Bayern.

ßenden Gewässers. Nach einem Abstecher ins hübsche Karlstadt schwingen wir hinauf nach Eußenheim, wo uns ein rostfreier Zecher lebensfroh zuprostet und uns spontan der alte Goethe in den Sinn kommt: „Für Sorgen sorgt das liebe Leben und Sorgenbrecher sind die Reben."

Flüssiger Nachschub

Wir sind nur noch wenige Schaltvorgänge von Gemünden entfernt, wo unterhalb der Festung Scherenburg der Main von der Fränkischen Saale mit reichlich flüssigem Nachschub versorgt wird. Ihren Windungen bleiben wir treu, wechseln bis zum Gasthof Nöth in Morlesau von einer Schräglage in die nächste und genießen unseren Fahrtag bis zur letzten Kurve. Dabei sinnieren wir, dass in den vergangenen Epochen im Fränkischen Weinland Kriege, wüteten Seuchen herrschten und Hungersnöte tobten– doch der Wein stets überdauerte. Zum Wohl! ◂

Bad Neustadt an der Saale
Heustre
Bad Brückenau
Burkardroth
A 7
Bad Bocklet
Münnerstadt
Nüdlingen
Oberthulba
Bad Kissingen
Heiligkreuz
Wartmannsroth
Waizenbach
Burgsinn
B 287
Hammelburg
Trimberg
Oerlenbach
Gräfendorf
Wasserlosen
A 71
Fuchsstadt
Poppenhausen
Höllrich
B 303
Schonungen
Gemünden am Main
Schweinfurt
Neuendorf
Obersfeld
Gochsheim
Harrbach
B 26a
A 70
Schwebheim
B 27
Eußenheim
Karlburg
Arnstein
Karlstadt
Himmelstadt
Zellingen
Güntersleben
Lülsfeld
Leinach
Volkach
Rimpar
Köhler
Veitshöchheim
Münsterschwarzach
Laub
B 8
Dettelbach
Würzburg
A 7
Markt Höchberg
A 3
B 19
St 2271
Randersacker
A 7
Kitzingen
A 81
2.5
5 km
Reichenberg
Kaltensondheim
Iphofe
Marktsteft

Fränkische Vielfalt

Nirgendwo lassen sich knackige Kurven, kulinarische Köstlichkeiten und kurzweilige Kultur besser miteinander verbinden als im Steigerwald, dem Herz Frankens. Besonders, wenn man mit dem Motorrad unterwegs ist.

Das prächtige Schloss Weissenstein ist in Pommersfelden zu besichtigen.

Das alte Bamberger Rathaus wird von der tosenden Regnitz umspült.

Was haben ein Türgriff, ein Beinchen und ein Reiterstandbild gemeinsam? Richtig! Sie sind alle in der Bamberger Altstadt zu entdecken. Der zum Weltkulturerbe erhobene Ortskern strotzt nur so vor historischen Baudenkmälern, imposanten Gotteshäusern und verwinkelten Gassen.

In einer davon finden wir das Apfelwaibla, das als heimliches Stadtwappen gilt. Der knuffige Messing-Türknopf zeigt das rundliche Gesicht einer älteren Frau und wird in einer Erzählung des bekannten Dichters E. T. A. Hoffmann beschrieben. Das nächste skurrile Detail entdecken wir wenig später am Alten Rathaus, das von zwei Regnitzarmen umflossen wird: Aus den üppigen Fassadenmalereien ragt das nackte Bein einer der Figuren plastisch in den Himmel: Dieses wird gerne auch als Bamberger Beinchen bezeichnet.

Wir sind einem weiteren Strom auf der Spur, dem des frisch gebrauten Gerstensaftes. Nirgendwo auf der Welt gibt es eine größere Dichte von Braustätten als im beschaulichen

Der Bamberger Dom mit seinen vier markanten Ecktürmen.

Bamberg. Lange vor dem Erlass des berühmten Bayerischen Reinheitsgebotes von 1516 sorgte sich der hiesige Fürstbischof Heinrich III. um die Qualität des Lieblingsgetränkes seiner Schäfchen: Für ein gutes Bier befahl er, „nichts mere denn Hopfen, Malz und Wasser zu nehmen". Bis heute wird mit meisterlicher Tradition Lager, Märzen, Zwickel, Weizen, Pils, Rauchbier und Bock gebraut. Bamberg-Kennern läuft bei Namen wie Ambräusianum, Greifenklau, Keesmann, Fässla, Schlenkerla, Spezial und Mahrs-Bräu das Wasser im Munde zusammen.

Immer und überall erhältlich ist die fränkische Bratwurst, die je nach Region in unterschiedlicher Dicke und Länge im Brötchen mit reichlich Senf daherkommt. Außerdem empfiehlt sich die Schäufela: knusprig gebackene Schweineschultern mit Knödeln und Sauerkraut.

Auf sieben Hügeln gegründet

Für Kaiser Heinrich II stand um 1000 herum fest, dass Bamberg zu den bedeutendsten Metropolen der bis dahin bekannten Welt zählte. Punkt! Nicht umsonst trug der Ort den Beinamen „fränkisches Rom", denn wie das Pendant südlich des Alpenhauptkamms wurde Bamberg auch auf sieben Hügeln gegründet.

Neben Stephansberg, Kaulberg, Jakobsberg und Abtsberg ist der Domberg von besonderem Interesse. Hier statten wir dem beeindruckenden Dom einen Besuch ab. Um die steinerne Skulptur des Bamberger Reiters in seinem Inneren ranken sich viele Theorien, weil niemand mit Gewissheit sagen kann, wen das Standbild darstellen soll. Sicher ist nur, dass es aus dem 13. Jahrhundert stammt.

Um die steinerne Reiterskulptur im Inneren des Bamberger Doms ranken sich viele Theorien.

In unmittelbarer Nachbarschaft ragt der Michelsberg mit seinem ehemaligen Benediktinerkloster empor. Von dort genießen wir eine fantastische Aussicht über die Stadt und die Regnitz, bevor wir unsere Blicke an die Decke der anschließend

Der Blick in die eindrucksvolle Klosterkirche Michelsberg in Bamberg.

aufgesuchten Klosterkirche richten. Das gesamte Gewölbe ist reich bemalt und zeigt in detaillierten Abbildungen über 600 verschiedene Pflanzen und Kräuter. Und wenn es mal nicht ganz so friedlich zuging, zogen sich die kirchlichen Würdenträger auf den siebten Hügel zurück, auf dessen Kuppe die massiven Mauern der uneinnehmbaren Altenburg einen sicheren Rückzugsort boten.

Im Verlies ging es traurig zu

Am nächsten Morgen satteln wir unsere Stahlrösser und verlassen die Bierstadt in Richtung Westen. Die wärmende Morgensonne im Rücken, eilen wir unseren langgezogenen Schatten hinterher und folgen dem Lauf der Aurach stromaufwärts. Zu Beginn rollen wir durch kleine Weiler, deren Namen länger als die Dorfstraßen sind, dann an Wiesen und Weiden vorbei, die sich über das leicht hügelige Terrain ausdehnen, bis wir von weitem den Turm der Burg Lisberg erkennen können. Die Festung zählt zu den ältesten in Franken, unter dem romanischen Bergfried soll sich ein Verlies befinden, in dem im finsteren Mittelalter reichlich Überstunden gemacht wurden.

Das gewundene Teerband hält auf einen dunklen Streifen Wald zu, der am Horizont zu erkennen ist, völlig unspektakulär queren wir die Rauhe Ebrach. Bisher waren wir nur am Rand des Naturparks Steigerwald unterwegs, in Burgebrach an der Mittelebrach wollen wir dem bis zu knapp 500 Meter hohen Mittelgebirge näher kommen.

Mittendrin liegt die Wallfahrtskirche in Burgwindheim. Ein aufwendig gestyltes Häuschen gegenüber beherbergt eine profane Schwengelpumpe. Wir fragen nach: Es handelt sich um einen Blutbrunnen, eine Art Wunderquelle, ähnlich der in Lourdes, nur kleiner.

In die Haßberge-Ausläufer

Die dann folgende Landstraßenetappe über Falsbrunn und Kirchaich an den Main ist sowohl etwas für die Sinne als auch für die Reifen. Eine Brücke führt über den breiten Strom in die Ausläufer der Haßberge. An den Hängen des nördlichen Ufers lässt die Sonne einen neuen Frankenweinjahrgang heranreifen. Im malerischen Hassfurt wechseln wir nicht nur wieder über den Main und gelangen damit zurück in den Naturpark, sondern finden hier den Einstieg in die Steigerwald-Höhenstraße.

Von nun an werden wir wie in einer Berg- und Talbahn durch die schönsten Flecken Frankens kurven. Der Aufschwung muss allerdings noch bis Eltmann warten, weil wir die Wallfahrtskirche Maria Limbach

Im 18. Jahrhundert wurde die Kirche Maria Limbach erbaut (oben). Ihr Umland ist ein ideales Motorradterrain (unten).

besuchen und dem Main ein wenig Gesellschaft leisten, aber dann! Noch im Ort schießt die Straße dermaßen steil empor, dass uns die Spucke wegbleibt. Anfangs treiben wir unsere Maschinen wieselflink über weite Radien durch schattige Wälder, später nehmen Asphaltbreite und Tempo ab, während Kurvenzahl und Spaßfaktor steigen.

Zweckentfremdete Mauern

In Ebrach stoßen wir wieder auf die B 22 und entdecken eine riesige Kirchenanlage. Das Gotteshaus wurde als erstes rechtsrheinisches Zisterzienserkloster vor fast 900 Jahren gegründet, die große Fensterrosette im westlichen Kirchenschiff ähnelt dem Rosenfenster der Kathedrale Notre Dame in Paris, im gepflegten Garten plätschert der Herkulesbrunnen vor sich hin. Die dicken Mauern wurden vor langer Zeit zweckentfremdet und dienen nun, hoffentlich mit Gottes Segen, als Haftanstalt.

Wenig später, wieder auf der Höhe, fliegt rechts die üppig gestaltete Kapelle St. Rochus vorbei, man könnte meinen, die Bauherren hatten noch ein paar Steine der Ebracher Anlage übrig. Wir erreichen Schlüsselfeld und gelangen durch ein riesiges Stadttor in den Ortskern. Schatten spendende Bäume, buckliges Kopfsteinpflaster, aufwendig gestaltete Giebel und einladende Straßencafés versprühen heimeliges Flair und laden zur Rast ein. Jenseits der A 3 windet sich die sanft gewellte Steigerwald-Höhenstraße weiter nach Süden und wir halten uns damit an die unbewiesene Weisheit „Wein auf Bier, das rat ich Dir“: Aus Bier-Franken wechseln

Weite Teile des Klosters Ebrach werden seit 150 Jahren als Haftanstalt genutzt.

Entlang der Bocksbeutelstraße bieten sich unzählige verlockende Möglichkeiten zur Einkehr.

wir in die Region Wein-Franken. Verkehrsarme Straßen verbinden kleine und äußerst hübsche Orte.

In Kittelschürzen gekleidete Hausfrauen pflegen üppige Blumentröge, während rüstige Rentner unermüdlich die Besen kreisen lassen. Dass es sich hier gut leben lässt, wussten schon die mittelalterlichen Ritter, die bei Scheinfeld eine trutzige Burg errichteten. Erst viel später wurde aus der grauen Festung das schicke Schloss Schwarzenberg. Und weil die mutigen Mannen in ihren rostigen Rüstungen gelegentlich auch etwas göttlichen Beistand brauchten, gründeten nicht weit entfernt Franziskanermönche ein Kloster.

Auf dem Weg nach Markt Taschendorf durcheilen wir erst den Flecken Einsiedelei und rauschen dann über den bewaldeten Höhenzug „Hohe Föhren". Zusammen mit der leise vor sich hin gluckernden Steinach treffen wir in Diespeck auf die B 470 und den Lauf der Aisch. Hier endet die Höhenstraße.

Saft in bauchigen Flaschen

Nach ein paar Gasstößen erreichen wir den Verkehrsknotenpunkt Neustadt, den wir aber gleich wieder in Richtung Kitzingen verlassen. Westlich der stark befahrenen B 8 mächten wir unsere Maschinen über weite Teile der Mittelfränkischen Bocksbeutelstraße scheuchen. Die markante, tropfenförmige Flasche war schon mal Streitthema in der Europäischen Union und ziert übergroß die Einfahrten der Weindörfer. Das schmale Teerband, auf dem wir flott unterwegs sind, windet sich kurvenreich um gut bestückte und von der Sonne verwöhnte Wengerte, wie die Weinberge hier genannt werden. >

Die zahlreichen Nebenstrecken des südlichen Steigerwalds fordern den natürlichen Orientierungssinn.

Seit über 1000 Jahren wird an den nach Süden ausgerichteten Hängen Rebensaft kultiviert. Früher von den Klöstern gepflegt, heute von „weltlichen" Winzern. Vom Markt Nordheim mit seinem Schloss Seehaus und der Ruine Hohenkottenheim machen wir uns an den Aufstieg zum 481 Meter hohen Iffigheimer Berg.

TOUREN-TIPP

Das imposante **Schloss Weissenstein** in Pommersfelden gilt mit seinen üppigen Deckenmalereien und einem für die damalige Zeit einzigartigen Treppenhaus als Glanzstück des fränkischen Barocks. Während die prächtigen Räume und die umfangreiche Gemäldesammlung nur gegen Eintrittsgeld zugänglich sind, steht der weitläufige Park mit seinem Damwildbestand kostenfrei offen.

GPS 49.76259, 10.82009

Der Wind zaubert Wogen in die umliegenden Getreidefelder, über uns kreisen Greifvögel auf der Suche nach Nahrung. Auf dem Gipfel der bewaldeten Kuppe tut sich für einen kleinen Moment ein Blick in Richtung Norden auf. Hier, im südlichen Teil des Naturparks Steigerwald kommen wir am Hohen Landsberg vorbei, der mit 498 Metern höchsten Erhebung der Region. An seiner Flanke verbirgt sich Schloss Frankenberg hinter hohem Baumbestand. Wie die Spitze eines Eisbergs aus dem Wasser, ragt nur ein kleiner Teil des historischen Prachtbaus aus den Wipfeln empor.

Ziegen und Teichschweine

Als die schwüle Mittagshitze unsere Gedanken um erfrischende Eisbecher kreisen lässt, kommt ein klimatisiertes Café in Uffenheim gerade recht. Unseren Plan, Rothenburg ob der Tauber einen Besuch abzustatten, lassen wir vorerst sausen, als sich mächtige Gewitterwolken am Horizont auftürmen. Stattdessen lassen wir uns von einer Landstraße nach Bad Windsheim entführen, wo uns im Fränkischen Freilandmuseum anschaulich vermittelt wird, wie in den vergangenen Jahrhunderten in der Region gelebt und gearbeitet wurde. Von dort aus nehmen wir wieder die Spur der Bocksbeutelstraße auf, die uns in einem großen Schlenker über Berolzheim zur B 470 begleitet.

Mit Neustadt an der Aisch erreichen wir einen der Hauptorte Mittelfrankens. Der Legende nach wurde auch diese Stadt im Mittelalter belagert, bis die Vorräte zur Neige gingen. Als die Verteidiger an Kapitulation dachten, kam einem Schneider ein cleverer Gedanke: In ein Ziegenfell gehüllt, zeigte er sich laut meckernd auf der Stadtmauer. Die Feinde sahen das fette Tier und zogen ab. Bis heute wird täglich an diese Finte erinnert, wenn um zwölf Uhr mittags in der Turmuhr des Neustädter Rathauses der wohlgenährte Geißbock seine Runden dreht.

Auch wir drehen, und zwar am Gasgriff, und durcheilen im hohen Gang den Aischgrund, in dessen weiten Wiesen sich das unscheinbare Flüsschen nur selten blicken lässt. Viel häufiger entdecken wir je-

Das Federvieh am Gänsehirtenbrunnen in Neustadt an der Aisch macht keinen Lärm.

Reich verzierte Giebel und Türme zeugten einst vom Reichtum eines Ortes, wie hier in Bad Windsheim.

TOUREN-STECKBRIEF

STRECKENLÄNGE 370 Kilometer

ROADBOOK Bamberg, Burgebrach, Burgwindheim, Falsbrunn, Kirchaich, Hassfurt, Eltmann, Ebrach, Schlüsselfeld, Scheinfeld, Diespeck, Neustadt an der Aisc, Markt Nordheim, Uffenheim, Bad Windsheim, Berolzheim, Neustadt an der Aisch, Höchstadt an der Aisch, Pommersfelden, Bamberg.

CHARAKTERISTIK Im Dreieck Würzburg – Bamberg – Nürnberg offenbart Franken seine ganze Vielfalt: In wunderschönen Landschaften sind trutzige Burgen, elegante Schlösser, stille Klöster und malerische Orte zu finden. Der Mittelgebirgszug Steigerwald misst eine Länge von rund 100 und eine Breite von bis zu 40 Kilometern, seine höchste Erhebung erreicht nicht ganz die 500 Meter-Marke. Von den Touristenzentren abgesehen, ist die Region verkehrsarm und die Straßen sind gut in Schuss. Sowohl Amateure, als auch Profis kommen hier auf ihre Kosten.

ATTRAKTIONEN Während Bierliebhaber einen ausgiebigen Kneipenbummel bevorzugen, werden Kirchgänger den beeindruckenden **Bamberger Dom** (49.89092, 10.882370) besuchen und die gotische Fensterrose des **Klosters Ebrach** (49.846934, 10.494333) bestaunen.

UNTERKUNFT Der günstig am Ortsrand Bambergs gelegene **Landgasthof Café Heerlein** mit seinem gemütlichen Biergarten ist seit über 100 Jahren in Familienbesitz und idealer Ausgangspunkt für Fahrten in den Steigerwald, die Haßberge und die fränkische Schweiz. Fränkische Kost, regionale Biere und Bocksbeutelweine werden zu moderaten Preisen serviert, die Garage ist kostenlos.

heerlein.de

doch Karpfenteiche; bis zu 2 000 sollen hier zu finden sein. Die properen Teichschweine werden nur in den Monaten mit "R" am Ende genossen. Zusammen mit einem trockenen Schoppen aus dem Bocksbeutel an Gaumenfreude kaum zu übertreffen.

Schräglagen genießen

In Höchstadt an der Aisch befand sich einst eine historische Furt. An dieser Stelle wurde im 14. Jahrhundert die steinerne Brücke errichtet, die bis heute von einer St. Nepomukstatue bewacht wird. Im Gegensatz zum Brückenheiligen sind wir nicht aus Stein gemeißelt und bleiben in Bewegung: Auf schmalen Nebenstrecken genießen wir eine Schräglage nach der anderen und lassen uns entlang der Reichen Ebrach zum Glanzstück des fränkischen Barocks, dem imposanten Schloss Weissenstein in Pommersfelden treiben.

Die aus Würzburg stammende Familie von Schönborn, vermögend und einflussreich, ließ sich hier Anfang des 18. Jahrhunderts eine repräsentative Sommerresidenz errichten, die den Vergleich mit dem pompösen Schloss von Versailles nicht fürchten sollte. Kurz nach dem wir die Seitenständer eingeklappt haben, kommen auch schon die Türme Bambergs in Sicht. Und im gemütlichen Biergarten des Heerleins gibt's heute Abend Live-Musik. ◂

Poppenhausen
Schweinfurt
Königsberg in Bayern
Ebern
Haßfurt
Zeil am Main
Sand am Main
Knetzgau
Eltmann
Werneck
Grettstadt
Gundelshei
Gerolzhofen
Kirchaich
Bamberg
Untersteinbach
Falsbrunn
Stegaurach
Volkach
Ebrach
Burgebrach
Prichsenstadt
Burgwindheim
telbach
B 22
Aschbach
B 286
Schlüsselfeld
Pommersfelden
Kitzingen
Höchstadt an der Aisch
B 470
Röttenba
chsenfurt
Markt Bibart
Scheinfeld
Oberhöchstädt
Langenfeld
Kleinsteinach
Markt Nordheim
Diespeck
B 13
Neustadt an der Aisch
Herzogenaurac
Berolzheim
ub
Uffenheim
B 8
Markt Erlbach
Bad Windsheim
Seukendorf
Burgbernheim
A 7
Großhabersdorf
Rothenburg ob der Tauber
Roßtal
0 2.5 5 km
Lehrberg
Heilsbronn
B 14

Expedition ins Bierreich

Wer tagsüber nach Herzenslust durch Ostbayern tourt, entdeckt fünf Wasserläufe an und auf der Fränkischen Alb sowie lichtdurchflutete Orte im gar nicht so finsteren Böhmerwald. Abends gibt es dann manch frisch gezapftes Bier.

Der Schatz im Silbersee: auf der Suche nach Karl Mays Helden an dem gleichnamigen Gewässer.

Das mächtige Nabburger Tor in Amberg.

Die mächtigen Wände des Stadttores werfen für einen kurzen Moment ein dumpf grollendes Echo zurück, als wir auf unseren Maschinen Sulzbach-Rosenberg in Richtung Westen verlassen. Die Morgensonne im Rücken, eilen wir unseren langgezogenen Schatten hinterher. Der schwarze Teer der B 14 liegt auf der historischen Trasse der Goldenen Straße, die einst Kaiser Karl IV. befestigen ließ, um die wichtigsten Städte seines Reiches, Nürnberg und Prag, zu verbinden.

Nicht weniger wichtig schien dem Herrscher der Ort Hersbruck zu sein: Hier erwarb er eine an der Pegnitz stehende Burg und machte sie zu seiner Kaiserpfalz. Im Wappensaal des so genannten Wenzelschlosses finden wir über hundert in Stein gemeißelte Schilder seines riesigen Hofstaates.

Pause am sechsgeschossigen Wassertor von Hersbruck.

Die vorbeiziehende Pegnitz trug damals mit ihren umfangreichen Fischbeständen zur Ernährung der Bevölkerung bei und spendete Energie zum Betrieb vieler Mühlen. Die weiter stromabwärts liegende Metropole Nürnberg verschmähen wir und biegen in Rückersdorf ab. Wir möchten hinaus aufs Land und kurven durch eine sanft gewellte Hügellandschaft nach Altdorf, das sich seinen mittelalterlichen Charakter bis heute bewahren konnte.

Während von der historischen Stadtbefestigung nicht viel übrig blieb, lassen wir uns im Ortskern rund ums Rathaus von hübsch herausgeputzten Fachwerk- und Sandsteinhäusern verzaubern.

Gelungene Wasserstraße

Auch wenn der nächste Wasserlauf ein künstlicher ist, haben wir nicht weniger Spaß, ihm zu folgen. Auf der B 8 begleiten wir den Ludwig-Donau-Main-Kanal, der die Donau bei Kelheim mit dem Main bei Bamberg vereint.

Die Idee, die Nordsee mit dem Schwarzen Meer schiffbar zu verbinden war nicht ganz neu: Angeblich hat schon Karl der Große, König der Franken, um 800 einen Teil des

Rund um die Laurentius-Kirche von Altdorf begegnet man viel mittelalterlicher Bausubstanz.

Von der hoch gelegenen Kelheimer Befreiungshalle aus hat man einen tollen Ausblick auf die mäandernde Donau.

Kanals erdacht und mit der Fossa Carolina, dem Karlsgraben, auch umgesetzt. Rund tausend Jahre später gab der Bayernkönig Ludwig I den Auftrag, die heutige Wasserstraße zu errichten. Zwischen Burgthann, der Hafenstadt Neumarkt in der Oberpfalz und dem Flecken Mühlhausen stoßen wir immer wieder auf das nasse Bauwerk mit seinen betagten Schleusen.

Der modernere und leistungsfähigere Main-Donau-Kanal nimmt uns mit nach Beilngries, dessen Wahrzeichen, die bunt glasierten Ziegel der Stadtpfarrkirche St. Walburga sich deutlich vom weiß-blauen Himmel abzeichnen. Wir überqueren die Altmühl, die bis hier schon einen langen Weg hinter sich hat – ihr Ursprung findet sich auf der Frankenhöhe in der Nähe von Rothenburg ob der Tauber. Kurs Ost liegt an, grobe Richtung Regensburg.

Straße der Kaiser und Könige

Ab Dietfurt hat man dem alten Wasserlauf übel mitgespielt, für den Main-Donau-Kanal wurde manches begradigt, die Schifffahrt hatte halt Vorrang. Standesgemäß schwingen wir auf der Straße der Kaiser und Könige, die Frankfurt, Wien und Budapest tangiert, durch das gewundene Altmühltal. Sie versetzt uns in längst vergangene Zeiten, als Monarchen mit herrschaftlichem Gefolge durch das Land zogen. Sie stimmt uns neugierig, ihren Spuren ein Stückchen zu

Die Statue Graf Heinrich III blickt auf das St.-Anna-Kloster.

folgen, vorbei an Klöstern und Burgen, mittelalterlichen Städten und prachtvollen Residenzen.

In Riedenburg gegenüber dem Schiffsanleger blickt die Statue Graf Heinrich III über den Strom auf das St.-Anna-Kloster. Er lebte hier im 12. Jahrhundert und war einer der ersten namentlich bekannten Minnesänger Bayerns.

An der Einmündung der Altmühl in die Donau ragt der Michelsberg empor, seine Spitze wird von der imposanten Befreiungshalle gekrönt. Das von weitem sichtbare Denkmal erinnert an die Siege über Napoleons Truppen Anfang des 19. Jahrhunderts. Einige Kehren später, die abkühlenden Motoren unserer Bikes ticken leise auf dem Parkplatz vor sich hin, schlendern wir zum Monument, das seinen bauwütigen Auftraggeber, Ludwig I. fast in den finanziellen Ruin trieb.

In der markanten Donauschleife bei Bad Abbach lassen uns zwei in Stein gemeißelte Löwen in die Eisen steigen. Die nah am Wasser gebaute

TOUREN-TIPP

Hoch über der Donau lohnt bei **Kelheim** der Besuch der kolossalen **Befreiungshalle**. Sie wurde nach dem Sieg über Napoleons Truppen Mitte des 19. Jahrhunderts vom bayerischen König Ludwig I. in Auftrag gegeben und ist den deutschen Volksstämmen gewidmet, die an den Kämpfen beteiligt waren.

kelheim.de

Über Jahrtausende haben sich die Wassermassen der Altmühl durch den Fränkischen Jura gefräst.

Die Errichtung der imposanten Kelheimer Befreiungshalle trieb Ludwig I beinahe in die Insolvenz.

historische Trasse forderte durch häufige Überflutungen zahllose Opfer. Ende des 18. Jahrhunderts wurde die Straße am Teufelsfelsen ausgebaut.

Im Herzen von Regensburg

An der abgesprengten Felswand prangt eine zehn Meter hohe Ehrentafel und erinnert an diese Pionierleistung. Wir bleiben dem südlichen Ufer treu und lassen uns von der B 16 bis an die Steinerne Brücke im Herzen von Regensburg spülen. Sie wurde eigens für die durchziehenden Kreuzfahrerheere errichtet, war lange Zeit die einzige Flussquerung der Stadt und steht seitdem, sieht man großzügig vom letzten Jahrhundert ab, nur den Fußgängern zur Verfügung.

Nicht weit entfernt mündet die Naab, mit der wir die nächsten 20 Kilometer ein inniges Verhältnis eingehen. In Kallmünz, wo Vils und Naab Hochzeit feiern, wartet eine weitere Steinerne Brücke auf unseren Besuch. Obwohl die Romantik schon seit dem frühen Morgen mit von der Partie ist, gibt es jetzt eine große Kelle Nachschlag: Bei der Fahrt über das spätmittelalterliche Bauwerk tut sich vor unseren Pneus ein toller Blick auf: Hoch über einem malerischen Häuserensemble thront auf einer Felsnase die Ruine der alten Burg Kallmünz.

Auf einer wenig befahrenen und dafür stärker gewundenen Landstraße schmiegen wir uns etwas später an die Vils und beschreiten dabei den gleichen Weg, den von Pferden gezogene und mit Salz beladene Lastkähne einst von Regensburg nach Amberg nahmen. Die gleichen Kähne transportieren vorher Eisenerzeugnisse aus der Oberpfalz, das im Mittelalter das Ruhrgebiet Bayerns war, strom-

Die Figur des heiligen Johannes Nepomuk in Kallmünz.

Die Steinerne Brücke führt ins malerische Kallmünz, wo Naab und Vils Hochzeit feiern.

abwärts in die Domstadt. In Amberg angekommen, rollen wird durch das nächstbeste Tor der wuchtigen Stadtmauer in den Ortskern und lassen bei Kaffee und Kuchen die bis heute perfekt erhaltene historische Bausubstanz auf uns wirken.

Am Abend sitzen wir vor dem Sperber-Bräu in Sulzbach-Rosenberg und stellen fest, dass wir nicht nur fünf Wasserläufe und zwei Kanäle bereist haben, sondern gerade einen weiteren Fluss genussvoll entdecken: Nämlich den des Bieres, das wir unsere durstigen Kehlen hinunter laufen lassen.

Christian Sperber, mit Leib und Seele Brauer und Gastwirt, ist zu Recht stolz auf sein preisgekröntes und stets frisch gezapftes Gerstensaft-Sortiment. Egal, ob hell oder dunkel, klar oder trüb, hier wird stets nach dem deutschen Reinheitsgebot von 1516 gebraut. Was seit mehr als 500 Jahren Bestand hat, sollte nicht verändert werden, denn in ein gutes Bier gehören nur Wasser, Hopfen, Malz und Hefe – Prost!

Wald ohne Grenzen

Kurz nach acht, die Sonne lacht, Navigation leicht gemacht: Zum Oberpfälzer Wald? Einfach hinterm Monte Kaolino rechts abbiegen! Das größte deutsche Kaolinvorkommen, ein für die Papier- und Porzellanherstellung dringend benötigtes Mineral, wird bei Hirschau abgebaut und zu einem imposanten Berg aufgehäuft. Der weiße Riese ist für Snowboarder und Skifahrer ganzjähriges Übungsgelände und für uns ein prima Ansteuerungspunkt, um unsere Maschinen von dort nach Nabburg zu lenken. Während der Fluss relativ unbekannt ist,

Die erhoffte Zufahrt zum Aussichtspunkt Böhmerwaldturm erweist sich nach einigen Kilometern als Flop.

wurde das Original Naabtalduo vor einem Vierteljahrhundert über Nacht berühmt: Die beiden Musikanten schafften es beim Grand Prix der Volksmusik auf Platz eins, ihr Siegertitel „Patrona Bavariae" wurde zum erfolgreichsten Lied dieses Genres.

Volkstümlich und bodenständig sind auch weite Streckenabschnitte unserer heutigen Route durch Ostbayern: Gegen den Lauf der Pfreimd, die auf tschechischem Gebiet entspringt, am Stausee Trausnitz entlang, gelangen wir auf einer verschlungenen Landstraße bis an die mächtigen Mauern der Burgruine Leuchtenberg. Heute beliebtes Ausflugsziel und ideale Kulisse für die alljährlich stattfindenden Burgfestspiele. Im nicht weit entfernten Georgenberg stoßen wir auf die Glasstraße, deren Belag aber aus ganz ordinärem Teer besteht. Sie führt auf 250 Kilometern von Neustadt an der Waldnaab quer durch den Oberpfälzer Wald und den Bayerischen Wald bis nach Passau und berührt dabei bekannte und historische Produktionsorte. Auf unserer Motorradreise entlang der Grenze werden wir ihr noch häufig begegnen.

Die sanft gewellten Kuppen des Mittelgebirges Böhmerwald erstrecken sich von Horizont zu Horizont. Der 100 Kilometer lange Höhenzug verläuft hinunter bis nach Oberösterreich, kümmert sich dabei nicht um Grenzen und ist weder bayerisch, noch böhmisch oder gar österreichisch. Die ausgedehnten Mischwälder werden nur selten von bäuerlichen Dörfern oder satten Weiden unterbrochen, wir sehen den Urwald vor lauter Bäumen nicht. Sobald wir die Motoren ausschalten, umgibt uns mystische Stille.

In den finsteren Forst hinein

Das Hinweisschild zum Böhmerwaldturm können wir allerdings nicht übersehen, zu groß ist unser Entdeckerdrang. Der Aussichtspunkt soll sich bei Schönsee auf dem fast 900 Meter hohen Weingartnerfels befinden. Mit unseren Reiseenduros dringen wir immer tiefer in den finsteren Forst ein, bis uns eine Schranke und die schlechter werdende Piste an der Weiterfahrt hindern. Schade.

Als kleine Entschädigung nimmt uns die Schwarzach mit zum Silbersee, doch der Indianerhäuptling Winnetou lässt sich nicht blicken. Dafür wartet im nahen Waldmünchen die

Große und bunte Werke sind am Kunstwanderweg über den Dächern Eschlkams im Bayerischen Wald zu entdecken.

Erinnerung an einen anderen, weniger edlen Krieger: Mitte des 18. Jahrhunderts befehligte der gefürchtete Pandurenoberst Franz Freiherr von der Trenck ein 1000 Mann starkes Heer und belagerte dabei auch diesen Ort.

Ein einfacher, aber wortgewandter Pfarrer konnte damals Plünderungen und Brandschatzungen verhindern. Die Frömmigkeit der Oberpfälzer zeigt sich bis heute in der großen Zahl von Gotteshäusern aller Stilepochen. Im benachbarten Furth standen sich schon im finstersten Mittelalter zwei mächtige Männer gegenüber: Der abtrünnige Prediger Jan Hus mit seinen böhmischen Gefolgsleuten stritt mit dem Abgesandten des Papstes und seinen Truppen über den wahren und einzigen Glauben, als sich eine alte Prophezeiung erfüllt und sich ein grauenvolles Untier erhebt und Tod und Verwüstung bringt. Die Legende vom Further Drachenstich ist geboren und wird jährlich mit dem Abstechen des riesigen Lindwurms bühnenreif in Szene gesetzt.

Alles hat mal ein Ende, mit dem Erreichen der Cham-Further-Senke verlassen wir den Oberpfälzer Wald für einen kleinen Abstecher in das Bayerische Pendant und streben auf der gegenüberliegenden Talseite hinauf zum Eschlkamer Kunstwander-

Weil nebenan Gerstensaft gebraut wurde, erhielt das letzte erhaltene Tor in Cham den Namen Biertor.

TOUREN-STECKBRIEF

STRECKENLÄNGE 550 Kilometer

ROADBOOK Sulzbach-Rosenberg, Hersbruck, Rückersdorf, Altdorf, Burgthann, Neumarkt, Mühlhausen, Beilngries, Dietfurt, Riedenburg, Bad Abbach, Regensburg, Kallmünz, Nabburg, Georgenberg, Waldmünchen, Furth, Cham, Amberg, Sulzbach-Rosenberg.

CHARAKTERISTIK Die Mittelgebirgslandschaft Oberpfalz bietet neben unendlichen Wäldern, Schlössern und Burgen, Kirchen und Klöstern zahlreiche idyllische Bäche, Teiche und Seen. Die bis zu 600 Höhenmeter aufragenden Regionen bieten gut ausgebaute Haupt- und Nebenstrecken, die selbst von Fahranfängern leicht zu meistern sind.

ATTRAKTIONEN Im Hochsommer mit Ski oder Snowboard den schneeweißen **Monte Kaolino** (49.534048, 11.96638) bei Hirschau hinunter, den vielschichtigen **Kunstwanderweg** oberhalb von Eschlkam (49.29578, 12.91923) entdecken, oder durch die von betagten Stadtmauern umschlossenen Altstädte von **Amberg** (49.44543, 11.856580) und **Sulzbach-Rosenberg** (49.505210, 11.740820) streifen.

UNTERKUNFT Das zwischen Fränkischer Schweiz und Oberpfälzer Wald gelegene, komfortable Hotel **Brauereigasthof Sperber-Bräu** in Sulzbach-Rosenberg ist ein echtes Juwel. Für Motorradreisende bedeutet das: tagsüber spannende Touren in alle Himmelsrichtungen genießen und sich abends mit frisch gezapften, preisgekrönten Bieren aus der hauseigenen Brauerei und deftigen Leckereien aus der Oberpfälzer Küche verwöhnen zu lassen.

sperberbraeu.de

weg. Auch hier ist die Navigation wieder ganz simpel: Über 50 rot-weiße Windsäcke tanzen gut sichtbar im weiß-blauen Bayernhimmel und symbolisieren den frischen Wind, der mit dem Fall des Eisernen Vorhangs im Grenzgebiet Einzug hielt.

Die Kunst des Bierbrauens ist seit Jahrhunderten untrennbar mit der Region verwoben, kein Wunder, dass Cham, die älteste Stadt des Bayerischen Waldes sich ein schmuckes Biertor gönnt. Auf unserer Tour zurück in den Oberpfälzer Wald rollen wir hindurch, aber Gerstensaft für lau gibt es hier nicht. Einige Zeit später dringen wir in das Gebiet der Oberpfälzer Seenplatte ein.

Bier- und Burgenstraße

Nach tausendjährigem Erzbergbau liefen die ausgebeuteten Tagebaugruben voll und schufen glitzernde Wasserflächen, die von einem dichten Nebenstraßennetz umsponnen werden. Die nahe Bier- und Burgenstraße B 85 macht aus uns echte Emporkömmlinge: weg von den ehemaligen Stätten harter körperlicher Arbeit, hin zu den Annehmlichkeiten des Adels. Nach einer Stippvisite in Amberg, der einstigen Residenzstadt der pfälzischen Kurfürsten, steigen wir in der Herzogstadt Sulzbach-Rosenberg von den Maschinen und freuen uns auf die frische Küche nach oberpfälzer Rezepten im Sperber-Bräu. Feierabend! ◂

Weiden in der Oberpfalz
B 299
Betzenstein
Vilseck
Pleystein
Vohenstrauß
Přimda
Bělá nad Radbuzou
Eslarn
Schnaittach
Kainsricht
Schnaittenbach
B 22
Horšovský Týn
Schönsee
Rückersdorf
Hersbrück
Lauf an der Pegnitz
Pfreimd
Poběžovice
Sulzbach-Rosenberg
Oberviechtach
Domažlice
Leinburg
Nürnberg
Kümmersbruck
Nabburg
A 6
Amberg
Schwarzenfeld
Waldmünchen
Burgthann
Altdorf bei Nürnberg
Diendorf
Rötz
B 85
Wackersdorf
Furth im Wald
Neumarkt in der Oberpfalz
Eschlkam
Teublitz
Roth
Allersberg
Velburg
Bruck in der Oberpfalz
Cham
Kallmünz
Maxhütte-Haidhof
Mühlhausen
Parsberg
Bad Kötzting
Regenstauf
Heideck
St 2397
Bernhardswald
Rs 6
Viechtach
Beilngries
Dietfurt
B 15
Neutraubling
Regensburg
13
Riedenburg
Kipfenberg
Denkendorf
0 5 10 15 km
Bad Abbach
Kelheim
Straubing
Offenberg

Grenzenlos gut

Verliebte Motorradfahrer finden im Fichtelgebirge knackige Kurven, romantische Ecken und ein ganz besonderes Standesamt. Nicht weit entfernt gibt es reichlich Porzellan für einen zünftigen Polterabend.

Die Basilika von Waldsassen gehört zu den bedeutendsten Barockkirchen in Süddeutschland.

Blick in den Böhmerwald (oben) und auf den Grenzturm in Bärnau auf tschechischem Staatsgebiet (unten).

Meterhoch gestapelte Bierkästen stehen Spalier, als wir am Morgen den Innenhof des Sperber-Bräus in Sulzbach-Rosenberg verlassen. Auf unserem Weg von Hirschau nach Weiden ragt der weiße Berg „Monte Kaolino" in den noch nebelverhangenen Himmel. Kaolin dient als Grundstoff für die Porzellanindustrie in der Oberpfalz, Oberfranken und Böhmen. Und weil der Quarzsandberg so riesig ist, kann man an seinen Hängen ganzjährig rodeln und snowboarden.

In Neustadt an der Waldnaab verabschieden wir uns von den breiten Straßen und streben gen tschechische Grenze, bis sich vor unseren Bikes der mächtige Bergfried der Burgruine Flossenbürg erhebt. Graue Wolkenfetzen schrammen an ihm entlang und lassen ihn immer wieder für kurze Momente verschwinden. Fast alles ist vom nahen Konzentrationslager verschwunden, in dem während des Dritten Reiches Häftlinge unter unmenschlichen Bedingungen den für seine besonders gute Qualität bekannten Flossenbürger Granit abbauen mussten. Die ehemalige Kommandantur überdauerte und dient heute als Gedenkstätte.

Entlang der Grenze

Gefährliche Situationen, die Nerven kosten oder glückliche Momente, die Freude schenken, sind Grenzerfahrungen, die das Salz unseres Motorradfahrerlebens ausmachen. Ganz andere Grenzerfahrungen stehen an, als wir ein paar Schaltvorgänge später am Entenbühl vorbeipreschen, mit 900 Metern die höchste Erhebung des nördlichen Oberpfälzer Waldes und Bärnau erreichen: die Stadt der Knöpfe.

Im örtlichen Museum dreht sich alles um den wenig beachteten Gegenstand, dessen Wichtigkeit erst mit seinem Fehlen bemerkt wird. Fehlen darf auf keinen Fall ein Besuch des Bärnauer Grenzlandturms: Er ist mit seinen fast 100 Dienstjahren der Methusalem unter den drei Türmen, die wir heute anfahren möchten und versteckt sich etwas schüchtern im nahen Wald unmittelbar am tschechischen Staatsgebiet.

Der kurvige Asphalt führt uns anschließend nach Mähring am östlichen Rand des Stiftlandes. Dort wurde 1953 von Heimatvertriebenen die St. Anna-Kapelle errichtet. 20 Jahre später kam ein Aussichtsturm dazu, von dem wir einen herrlichen Ausblick über den Böhmerwald genießen. Mittlerweile wurde der Kalte Krieg beendet, Regime vertrieben und Grenzen geöffnet – Europa wuchs zusammen.

Auf dem Weg nach Neualbenreuth weist ein Schild auf den Mittelpunkt Europas hin. Neugierig, was sich dort verbergen mag, lenken

Während des Kalten Krieges investierten Heimatvertriebene Geld und Arbeit in den Bau der St. Anna-Kapelle bei Mähring.

Nach mehreren Kilometern Anfahrt verbietet ein amtliches Schild die Reise zu Europas Mittelpunkt.

wir unsere Maschinen auf einer langen und schmalen Straße bis an den Waldrand, wo uns plötzlich durch ein amtliches Schild die Weiterfahrt verboten wird – nur drei Kilometer vor dem Ziel. Hätte man das nicht an der Einfahrt ankündigen können? Zum Frustabbau kommt eine kurze Rast am Fuße des Grenzlandturms gerade recht. Er ist seit 50 Jahren das unverwechselbare Wahrzeichen der Marktgemeinde Neualbenreuth.

Nach einem Becher Kaffee sieht die Welt gleich ganz anders aus. Und noch anders von oben: Über 82 Stufen gelangen wir zur Aussichtsplattform in 19 Meter Höhe. Das Panorama über das Stiftland und das Egerland erscheint uns besonders eindrucksvoll, weil in diesem Moment der Himmel aufreißt und die Sonne endlich zum Vorschein kommt. Wir bleiben dem Grenzverlauf weiter treu und rollen kurze Zeit später durch Waldsassen bis vor das Portal der dortigen Basilika, die zu den bedeutendsten und prächtigsten Barockkirchen des süddeutschen Raums gehört.

82 Stufen gilt es zu bezwingen, um das grandiose Panorama vom Neualbenreuther Aussichtsturm zu genießen.

Der Legende nach errichtete der Regensburger Mönch Gerwig im 12. Jahrhundert in der Nähe ein erstes bescheidenes Gotteshaus. Vom befreundeten Markgrafen Diepold sollte er so viel Land gestiftet bekommen, wie an einem Tag auf einem Esel umrundet werden konnte. Daher der Name Stiftland.

Adebars luftige Kinderstube hoch über einem stillgelegten Industrieareal.

Porzellan, das weiße Gold

Nun kommt uns die Porzellanstraße unter die Räder, die durch die wichtigsten Zentren der Porzellanindustrie führt. Während in Arzberg schöne Dinge für den täglichen Gebrauch hergestellt werden, wird das weiße Gold der Oberpfalz in Marktredwitz überwiegend für technische Keramik verwendet.

Wir erreichen den 1970 gegründeten Naturpark Steinwald und umrunden auf allerkleinsten und anmachend geschwungenen Nebenstrecken die Platte, den 946 Meter hohen Gipfel des Mittelgebirges, dessen Name nichts mit Steinen im Forst zu tun hat, sondern von der Burg Weißenstein geprägt wurde.

Überall gluckert und plätschert es, die Region zwischen Fichtelgebirge und Böhmerwald ist nicht nur reich an Quellen, sondern auch an seltenen Pflanzen und Tieren. Bei einem kurzen Halt dringt leises, unregelmäßiges Klappern an unsere Ohren. Die

Die Straßen der wenig bekannten Regionen Steinwald und Stiftland bieten reichlich Fahrspaß.

Motoren stehen still, folglich können das nicht die Ventile sein. Neugierig den Luftraum abgesucht, erblicken wir Meister Adebar, der vom Streifzug zum Nest zurückkehrt, das auf einem alten Schornstein thront. Aufgeregt und hungrig klappern die Jungstörche mit ihren Schnäbeln und hoffen auf einen leckeren Bissen. Von Erbendorf aus schwingen wir entlang der Fichtelnaab auf verkehrsarmen Wegen in die Nähe der weltbekannten Wagnerstadt Bayreuth und weiter ins Tal der Steinach.

Das beschauliche Städtchen Bischofsgrün liegt am Nordhang des Ochsenkopfs im Herzen des Naturparks Fichtelgebirge.

Denken wir an den Komponisten und Dirigenten Richard Wagner, denken wir an Musik. Und was verbindet Musik und Motorradfahren? Richtig! Bei beiden geht es um Geschwindigkeit. Adagio, mit moderatem Tempo, gelangen wir auf einer landschaftlich und fahrerisch reizvollen Etappe in den 1971 gegründeten, tausend Quadratkilometer großen Naturpark Fichtelgebirge mit seinen bizarren Granitformationen, mystischen Mooren und dunklen Wäldern.

Ursprung von vier Flüssen

Schon bald erfolgt die kurzweilige Umrundung des sagenumwobenen und 1023 Meter hohen Ochsenkopfes, der fälschlicherweise viele Jahre lang als höchster Gipfel des Frankenlandes galt, obwohl der in unmittelbarer Nachbarschaft aufragende Schneeberg 30 Meter mehr zu bieten hat. Aus den Erhebungen des Fichtelgebirges schicken gleich vier Flüsse, Main, Eger, Naab und Saale ihr Wasser in alle vier Himmelsrichtungen. Mit dem Weißen Main erreichen wir Bischofsgrün.

Dort verlassen wir die breite E 48 nur allzu gern, um unsere Reise auf der 22 Kilometer langen und anspruchsvolleren Panoramastraße fortzusetzen. Die Oldtimerfreaks unter uns drängen auf den Besuch des Deutschen Automobilmuseums im nahen Örtchen Fichtelberg. Die um-

Mit der übergroßen Kanne verdeutlicht die Stadt Selb, dass sie der Nabel der Porzellanwelt ist.

fangreiche Klassiker-Sammlung entstand 1992 als private Initiative der Familie Eckert, umfasst nicht nur besondere Autos, Traktoren und Luftfahrzeuge, sondern auch zahlreiche Motorradraritäten und wird ständig erweitert. Nach einem Rundgang durch die Hallen und Freiflächen tragen selbst unsere Museumsmuffel ein zufriedenes Lächeln im Gesicht.

Kein Teufelswerk

Eine mit vielen Kurven gesegnete Nebenstrecke geleitet uns anschließend über Brand nach Bad Alexandersbad. Als kurzes Intermezzo ein wenig Geschichte: 1805 weilte die preußische Königin Luise in dem für seine Mineral- und Moorheilbäder bekannten Ort. Etwas abseits verbirgt sich das später nach der Monarchin benannte, größte Felsenlabyrinth Europas. Lange von den Einheimischen gefürchtet und gemieden, räumte kein Geringer als Wolfgang von Goethe 1785 mit Aberglauben und Mythen auf, und bewies, dass die Ansammlung von gigantischen Steinblöcken kein Teufelswerk ist, sondern durch ganz natürliche Erosion entstand.

Im benachbarten Wunsiedel erblickte im Jahre 1763 Johann Paul Friedrich Richter das Licht der Welt. Er sollte später unter seinem Künstlernamen Jean Paul als Poet bekannt werden. Sein Ausspruch: „Nur Reisen ist Leben, wie umgekehrt das Leben Reisen ist", drückt genau das aus, was unsere Einstellung zu Motorradtouren ausmachen sollte.

Schon durcheilen wir das so genannte Sechsämterland. 1895 mixte der Apotheker Gottlieb Vetter aus regionalen Kräutern und Beeren einen Likör mit immerhin 33 Prozent Alkohol und brachte ihn als Sechs-

Das malerische Bad Berneck im Fichtelgebirge.

ämtertropfen in den Verkauf. Ganz andere Rohstoffe, nämlich solche, die zur Herstellung von Porzellan benötigt wurden, sowie jede Menge Brennholz fand hier Carolus Magnus Hutschenreuther Ende des 19. Jahrhunderts. Kaum hatte seine junge Firma die Produktion des weißen Goldes aufgenommen, siedelten sich weitere namhafte Firmen in der Umgebung an.

TOUREN-TIPP

Das im Herzen des Fichtelgebirges gelegene **Deutsche Automobilmuseum Fichtelberg** der Familie Eckert erfreut sich seit 1992 bei Technikfreaks und Oldtimerfans großer Beliebtheit. Neben vielen Auto-Klassikern sind auch seltene Motorräder und sogar Flugzeuge in den Hallen und auf den Freiflächen zu bestaunen. Montag Ruhetag.

amf-museum.de

Die tschechische Grenze scheint zum Greifen nahe, als wir erneut auf der Porzellanstraße unterwegs sind und nach Selb eilen. Dass man auch dort Keramik Klasse findet, macht eine übergroße Teekanne am Kreisverkehr deutlich, deren Bauch den Globus abbildet. Crescendo, also mit zunehmender Lautstärke, treiben wir unsere Maschinen bis nach Weissenstadt, um dort ins Waldsteingebirge abzubiegen, das den nordwestlichen Teil des Naturparks markiert. Die einsame Gegend rund um den 880 Meter hohen Großen Waldstein galt einst als Bärenrefugium. Im 17. und 18. Jahrhundert setzte der Adel Fangprämien aus, um Meister Petz zur Strecke zu bringen. Aus Granitquadern wurden kleine, mit Falltüren und Ködern bestückte Häuser errichtet, um den zotteligen Räuber zu fangen. Glaubt man einer Sage, wurden einst zwei verstörte Mönche aus dem so genannten Bärenfang befreit. Sie hatten während eines Unwetters in der ungewöhnlichen Hütte Schutz gesucht und waren wortwörtlich in die Falle getappt.

Furioso, leidenschaftlich, wechseln wir von einer Schräglage in die nächste, als wir nach Bad Berneck im Tal der Ölschnitz schwingen. Das malerische Städtchen beherbergt seit 2015 das vom Standesbeamten Andreas Voit initiierte Motorrad-Standesamt. Schon in den Jahren zuvor traute er im nur 20 Kilometer entfernten Warmensteinach viele zweiradbegeisterte Brautpaare. Selbst vom wohl schönsten Hobby der Welt infiziert, fällt es ihm nie schwer, die richtigen Worte zu finden und auf die Belange seiner besonderen Gäste einzugehen. Ob großer Club oder kleine Clique, schwarze Lederkluft oder staubiger Endurodress: Jede Trauung ist anders, aber immer irgendwie einmalig.

Wahre Zugnummern

Sind Bären im Fichtelgebirge längst passé, warten am westlichen Rand des Naturparks aber auch heute noch fauchende Ungeheuer: Mit mächtig viel Getöse und ordentlich Qualm präsentieren sich mehr als 30 schwarze Giganten der Schiene im Deutschen Dampflokomotiv-Museum in Neuenmarkt und zeigen, was sich seit der ersten Fahrt der Dampflok „Adler" – sie fuhr im Jahre 1835 von Nürnberg nach Fürth – eisenbahntechnisch entwickelte.

Ruß und Staub legen unsere Kehlen trocken, doch die glückliche Rettung naht mit dem Erreichen der am Zusammenfluss des Roten und Weißen Mains gelegenen Bierstadt Kulmbach. Im dortigen Mönchshof-

Im Dampflokomotiv-Museum in Neuenmarkt sind mehr als 30 schwarze Giganten zu bestaunen.

TOUREN-STECKBRIEF

STRECKENLÄNGE 480 Kilometer

ROADBOOK Sulzbach-Rosenberg, Hirschau, Weiden, Neustadt an der Waldnaab, Bärnau, Mähring, Neualbenreuth, Waldsassen, Arzberg, Marktredwitz, Erbendorf, Bayreuth, Bischofsgrün, Fichtelberg, Brand, Bad Alexandersbad, Wunsiedel, Selb, Weissenstadt, Bad Berneck, Kulmbach, Bayreuth, Sulzbach-Rosenberg.

CHARAKTERISTIK Das Tourengebiet punktet mit zahlreichen Gewässern und dunklen Wäldern. Die höchsten Erhebungen reichen fast an die Tausendmetermarke heran. Ein dichtes Netz kurviger und verkehrsarmer Nebenstrecken verbindet die touristischen Höhepunkte der Region.

ATTRAKTIONEN Heiratswillige haben das **Motorradstandesamt** Bad Berneck (50.045790, 11.669970, **motorradstandesamt.de**) im Fokus. Wer hoch hinaus möchte, klettert auf den **Grenzlandturm** in Neualbenreuth (49.981750, 12.456330). Eisenbahnliebhaber kommen am **Deutschen Dampflokomotiv-Museum** in Neuenmarkt (50.09432, 11.581990) nicht vorbei.

UNTERKUNFT Der zwischen Fränkischer Schweiz und Oberpfälzer Wald gelegene, komfortable **Brauereigasthof Sperber-Bräu** ist ein echtes Juwel und schon aus Tour 9 bekannt. Wer mal eine ganz eigenwillige Alternative ausprobieren möchte, der macht im benachbarten Amberg „Rast im Knast". Unter diesem Motto jedenfalls vermarktet das **Hotel Fronfeste** sein Übernachtungsangebot in den historischen Mauern, die schon vieles waren, für den Vollzug der Strafgesetze des 17. und 18. Jahrhunderts auch ein Gefängnis. Die Einzel- und Doppelzellen heute sind aber sehr komfortabel ausgestattet. **hotel-fronfeste.de**

Brauhaus lassen wir uns alkoholfreien Gerstensaft und eine typisch fränkische Brotzeit schmecken und planen dabei die Rücktour.

Umstrittener Komponist

Die B 85, vielen bekannt als Bier- und Burgenstraße, geleitet uns kurz darauf ins Herz der Wagnerstadt Bayreuth. Vor gut 200 Jahren wurde der geniale wie umstrittene Komponist und Dirigent Richard Wagner geboren. Kunst und Kommerz bekam das musikalische Multitalent nicht in Einklang. Ständig vom Bankrott bedroht und von Mäzenen abhängig, ließ er trotzdem das Festspielhaus errichten und bezog zusammen mit Ehefrau Cosima das Haus Wahnfried. Deutsche Heldensagen dienten dem 1883 verstorbenen Wagner als Vorlage für klanggewaltige Bühnenwerke, die bis heute polarisieren, aber alljährlich Adel, Politik und Finanzwelt zu den Festspielen locken. Weil uns aber der Sinn nicht nach Opernklängen steht, beschleunigen wir fortissimo in Richtung Auerbach in der Oberpfalz.

Als wir durch das Tor der Sulzbach-Rosenberger Stadtmauer rollen und am Sperber-Bräu die Zündschlüssel ziehen, stellen wir fest, dass wir auf unserer Rundtour zahlreiche Berühmtheiten trafen, besondere Aussichten genossen, kein Porzellan zerschlugen und an die Grenze gegangen sind, ohne sie zu überschreiten. ◂

Wurzbach
B 90
A 9
Hirschberg
Berglas
Oelsnitz
Schöneck
Geroldsgrün
Hof
Adorf/Vogtland
Klingenthal
Kraslice
ckheim
Helmbrechts
Aš
Bad Brambach
St 2179
Münchberg
Sokolov
Selb
A 93
64
dtsteinach
Gefrees
Weissenstadt
Františkovy Lázně
Kulmbach
Bischofsgrün
Wunsiedel
Cheb
Neudrossenfeld
Arzberg
B 303
Waldsassen
Fichtelberg
Marktredwitz
Goldkronach
Neualbenreuth
B 2
Waldershof
Brand
Bayreuth
Mitterteich
B 22
Mähring
Wiesau
Falkenberg
Waischenfeld
Erbendorf
Creußen
B 15
Neustadt am Kulm
Bärnau
Heinersreuth
Tachov
B 470
Pegnitz
Neustadt an der Waldnaab
Grafenwöhr
Betzenstein
Welluck
Weiherhammer
Weiden in der Oberpfalz
Vohenstrauß
Vilseck
Schnaittenbach
Schnaittach
Hirschau
f an der Pegnitz
Sulzbach-Rosenberg
Pfreimd
Oberviechtach
Nabburg
Amberg
Schwarzenfeld
A 3
B 85
Rötz
Neumarkt in der Oberpfalz
Schwandorf
Bodenwöhr
0 2 4 6 8 km
Cham
Maxhütte-Haidhof
Roding
